小学智障生心理发展与心理健康教育

马海燕 王礼申 杨文静 ◎ 著

哈尔滨出版社

图书在版编目（CIP）数据

小学智障生心理发展与心理健康教育/马海燕，王礼申，杨文静著． -- 哈尔滨：哈尔滨出版社，2022.11
ISBN 978-7-5484-6942-1

Ⅰ．①小… Ⅱ．①马… ②王… ③杨… Ⅲ．①智力障碍—小学生—心理健康—健康教育—研究 Ⅳ．① G764 ② G444

中国版本图书馆 CIP 数据核字（2022）第 219776 号

书　　名：小学智障生心理发展与心理健康教育
XIAOXUE ZHIZHANGSHENG XINLI FAZHAN YU XINLI JIANKANG JIAOYU
作　　者：马海燕　王礼申　杨文静　著
责任编辑：刘　丹
封面设计：三仓学术
出版发行：哈尔滨出版社（Harbin Publishing House）
社　　址：哈尔滨市香坊区泰山路 82-9 号　　邮编：150090
经　　销：全国新华书店
印　　刷：武汉鑫佳捷印务有限公司
网　　址：www.hrbcbs.com
E - mail：hrbcbs@yeah.net
编辑版权热线：（0451）87900271　87900272
开　　本：787mm×1092mm　1/16　　印张：16.75　　字数：252 千字
版　　次：2022 年 11 月第 1 版
印　　次：2023 年 3 月第 1 次印刷
书　　号：ISBN 978-7-5484-6942-1
定　　价：92.00 元

凡购本社图书发现印装错误，请与本社印制部联系调换。
服务热线：（0451）87900279

前　言

智障儿童的心理健康不仅关系到自身发展和家庭幸福，还关系到社会的和谐与稳定。因此，加强智障儿童心理健康教育势在必行。目前，已有许多普校贯彻落实了教育部颁发的《中小学心理健康教育指导纲要（2012年修订）》的精神和要求，为学生专门开设了心理健康教育课程，但特殊教育学校把心理健康教育作为独立课程的却很少。2016年12月，教育部颁布了《培智学校义务教育课程标准（2016年版）》，首次为智障学生制定了学习标准，并针对智障学生智力发展水平的实际，以生活为核心，研制开发了10门学科的课程标准，帮助智障儿童学会生活、学会适应，提高生活质量。培智学校课程标准的颁布体现着我国特殊教育事业的巨大进步。虽然10门学科中均有心理健康教育的渗透和体现，但缺乏较为系统的专门面向智障儿童心理健康教育的课程，为此，我们尝试编写这本《小学智障生心理发展与心理健康教育》，希望能通过实践探索，促进小学智障儿童健康人格的形成和身心健康的发展，为智障儿童更好、更有尊严地适应社会奠定基础，同时为特殊教育教师开展心理健康教育工作提供一定的指导和帮助。

本书内容丰富，涉及面广。在理论方面，本书介绍了小学智障儿童社会适应性发展、学习心理辅导、自我认识与提升、同伴交往、情绪认识与管理、生命教育以及毕业季心理调适的一般性知识；在心理健康教育内容方面，涉及小学智障儿童"适应新环境、快乐学习、自我认识与提升、同伴交往、情绪认识与管理、情感体会与感恩、毕业季"七大主题，涵盖了小学智障儿童常见的心理问题；在教学内容设计方面，针对上面提到的七大主题设计了28个心理健康课、14个团体心理辅导和7个家育课堂的教案，每个教案中对教学内容、教学环节、时间安排、教学法要求都做了详细说明；在教学评价方面，遵循人文关怀评价原则、发展性评价原则、可操作性评价原则及参与性评价原则，采用学生ABC行为记录表、自尊量表、症状自评量表、评价档案袋等手段，采取过程性评价与量化评价相结合的评价方式给予课程客观、全面的评价，具有可操作性。因此，本书具有理论指导、教学设计参考、教学评价参照和校本课程开发研究参照等多方面功能，能够满足小学智障儿童心理健康教师的多方面需求。

在编写本书的过程中，马海燕负责第一部分、第二部分、第四部分、第五部分和第六部分的编写，杨文静负责第三部分和第七部分的编写，王礼申负责理论部分梳理和统筹。此外，在编写本书的过程中得到了韶关市特殊教育学校心理健康教育教师团队的大力支持。其中，彭畅、陈丹如、陈如宗三位老师参与了第一部分的编写工作，张浩和林建梅老师参与编写了第二部分，刘婷老师参与编写了第三部分，张丹和王碧玲老师参与编写了第四部分，钟松英和刁颖婷老师参与编写了第五部分，崔嘉华和刘珍老师参与编写了第六部分，王巧佩和谭佶老师参与编写了第七部分，在此向各位同伴表示衷心感谢！由于水平有限，书中难免会有一些不足之处，恳请同行、专家批评指正，我们一定虚心接受，也欢迎广大读者与我们交流，谢谢！

本书是广东省特殊教育精品课程建设项目"小学智障儿童心理健康教育课程"（立项编号2021tsjyjpkc14）的成果；是广东省特殊教育内涵建设示范项目"特殊教育示范学校"（立项年度：2022年）的成果。

马海燕

2022年7月1日于韶关

目　录

绪　论 ………………………………………………………………… 1

第一部分　小学智障生社会适应性发展 ………………………… 8

　一、社会适应的定义、方式、功能 ………………………… 8

　二、社会适应的人格模型 …………………………………… 9

　三、社会适应的标准 ………………………………………… 10

　四、社会适应的内容 ………………………………………… 11

　五、智力障碍儿童社会适应能力的特点与表现 …………… 15

　六、学校适应能力 …………………………………………… 17

　七、社会适应性发展主题心理健康教育实践 ……………… 19

第二部分　学习心理辅导与小学智障生的学习 ………………… 37

　一、学习的定义 ……………………………………………… 37

　二、学习的内涵 ……………………………………………… 39

三、不同流派的学习理论 ……………………………………… 43

四、学习动机及激发 …………………………………………… 59

五、智障生的学习障碍点和应对策略 ………………………… 60

六、学习心理辅导主题心理健康教育实践 …………………… 63

第三部分 小学智障生的自我认识与提升 …………………… 85

一、"自我"的概念及智障儿童自我概念特点 ……………… 85

二、影响智障儿童自我概念形成的因素 ……………………… 86

三、智障儿童的自我调控 ……………………………………… 87

四、智障儿童的自我表达 ……………………………………… 88

五、自我认识与提升主题心理健康教育实践 ………………… 89

第四部分 小学智障生的同伴交往 …………………………… 116

一、概念的界定 ………………………………………………… 116

二、同伴交往的意义 …………………………………………… 117

三、影响同伴交往的因素 ……………………………………… 120

四、智障儿童同伴交往 ………………………………………… 122

五、同伴交往主题心理健康教育实践 ………………………… 126

第五部分 小学智障生的情绪认识与管理 …………………… 148

一、认识智障儿童的情绪 ……………………………………… 148

二、智障儿童情绪的调节 ·················· 150

　　三、情绪认识与管理主题心理健康教育实践 ·········· 153

第六部分　小学智障生的生命教育 ·················· 178

　　一、对小学智障生开展生命教育的意义 ············ 179

　　二、小学智障生生命教育的主要内容 ············· 180

　　三、小学智障生生命教育的有效途径 ············· 181

　　四、生命教育主题心理健康教育实践 ············· 183

第七部分　毕业季心理调适 ·················· 204

　　一、小学智障生小升初主要存在的适应性问题 ········· 204

　　二、智力障碍儿童小升初适应性心理问题及策略 ········ 206

　　三、家庭教育对提升智力障碍儿童小升初适应性的作用及策略 ·· 209

　　四、毕业季心理调适主题心理健康教育实践 ·········· 210

参考文献 ·················· 232

附录一　智障生心理健康教育评价相关量表 ·········· 236

附录二　中小学心理健康教育指导纲要 ·········· 252

绪 论

一、缘起

学生心理健康教育是提高学生心理素质、促进其身心健康和谐发展的教育，是进一步加强和改进学校德育工作、全面推进素质教育的重要组成部分。针对目前粤北地区乃至广东省内未有较为系统和科学的小学智障生心理健康教育课程，教学、辅导与干预等方面的研究与发展也相对普通中小学校严重滞后，难以满足当下小学智障儿童心理健康教育的需求。目前，国家虽出台了《中小学心理健康教育指导纲要（2012年修订）》，但未有编制小学智障生心理健康教育的教材，导致教师在教学时出现教无所依、主题不清、内容不适合、课堂随意性大、教学效果不佳等情况。鉴于此，韶关市特殊教育学校根据党的十八大、十九大精神，《中共中央国务院关于进一步加强和改进未成年人思想道德建设的若干意见》《国家中长期教育改革和发展规划纲要（2010—2020年）》《广东省教育厅关于中小学心理健康教育工作规范指引》《残疾人教育条例》《中小学心理健康教育指导纲要（2012年修订）》等文件对加强学生心理健康教育工作的要求，立足韶关区域特点和小学智障生心理发展实际，构建了科学规范、操作性强、成效性突出的小学智障生心理健康教育课程，并以课堂教学为主渠道，团体心理辅导为实践，家育课堂为拓展，让学生通过课堂学习、实践体验、家育延伸，真正达到学有进步、学以致用的效果。

二、过程与方法

目前，粤北地区乃至整个广东省都缺少较为系统、科学而适切的小学智障生心理健康教育课程，也缺少一个有效落实智障生心理健康教育的教学策略。韶关市特殊教育学校结合《中小学心理健康教育指导纲要（2012年修订）》的要求，立足地域特点和学生心理发展实际，以龙头课题为引领，实践项目与校本研修相结合，共开展了"对智障学生实施生命教育的策略研究""积极心理教育对智障儿童知觉建构及治理发展作用的实证研究"等5项省市级主题环环相扣的课题扎根性研究，以此为基础，推进实践。

（一）通过运用科学的方法，解决了小学智障生心理健康教育课程设置的问题

建立了集"课堂教学""团体心理辅导""家育课堂"于一体的小学智障生心理健康教育课程。通过心理健康课、主题团体心理辅导和家育课堂三种途径，开展全面渗透的心育模式。

（二）通过设立丰富的主题，解决了小学智障生心理健康教育教学内容匮乏的问题

设计了涵盖"适应新环境、学会学习、自我认识与提升、同伴交往、情绪认识与管理、情感体会与感恩、升学准备"七大主题，28个课堂教学内容、14个团体心理辅导和7个家育课堂的教学内容，并制定了相应的教学方案，让课程的主题鲜明、内容丰富、可操作性强，能满足小学智障生低、中、高三个年级段心理健康教育的教学与学习需要。开发了《小学智障生心理健康教育教学方案》的校本教师用书。

（三）通过创新教学模式，解决了心理健康教育主要以课堂教学为主的单一性问题

研发了一个以课堂教学为主，以"团体心理辅导＋个体咨询"为辅，以家校共育为助力的小学智障生心理健康教育的教学策略。以课堂学习、辅导训练、活动锻炼、家校心理教育战地建设等为载体，以认知与实践相结合、团体与个体同关注、形式与类别多样化、家庭与学校齐推进的模式，将心理健康教育课程融入智障生的学习与生活中，全面构建智障生健康的人格与心理，为他们更好地适应社会，快乐而有尊严地生存奠定了坚实的心理基础。

三、成果

从 2017 年至今，学校调动了全员力量，汇集了多方资源，针对目前粤北地区乃至省内未有较为系统和科学的小学智障生心理健康教育课程，教学、辅导与干预等方面的研究与发展也相对普通中小学校严重滞后，难以满足当下小学智障儿童心理健康教育的需求等问题，着力构建了一套集"课堂教学""团体心理辅导""家育课堂"于一体的心理健康教育课程，研究制定了相应的教学方案；研发了一个"以课堂教学为主，以'团体心理辅导＋个体咨询'为辅，以家校共育为助力"的小学智障生心理健康教育的教学策略；开创了以"积极心理教育课程＋积极心理辅导活动"为基础，以"积极校园环境支持＋心理测验技术支持"为手段，以"学生积极体验＋人格特质研究"为目标的小学智障生积极心理教育发展新模式，取得了显著效果。

（一）构建了小学智障生心理健康教育课程

根据《中小学心理健康教育指导纲要（2012 年修订）》的要求，立足智障生随着生理、心理的发育和发展、社会阅历的扩展及思维方式的变化，特别是面对人际沟通、社会生活的压力，他们在学习、生活、自我意识、

情绪调适、人际交往和升学等方面，会遇到各种各样的心理困扰或问题的实际情况，构建了一个集"课堂教学""团体心理辅导""家育课堂"于一体的心理健康教育课程——"小学智障生心理健康教育课程"，课程涵盖"适应新环境、学会学习、自我认识与提升、同伴交往、情绪认识与管理、情感体会与感恩、升学准备"等七大主题，28个课堂教学内容、14个团体心理辅导和7个家育课堂的教学内容，以认知、实践、拓展为梯架，围绕教学主题从"知、情、意、行"四个维度进行教学引导、心理干预、实践训练与延伸拓展。让学生学习了解自我、悦纳自我，学会恰当地、正确地体验和表达情绪，培养积极乐观、健康向上的心理品质，成为身心健康、具有社会责任感和实践能力的德智体美劳全面发展的合格劳动者。本课程能适用于粤北地区小学智障生低、中、高三个年级段心理健康教育的教学与学习需要。该课程于2021年6月被立项公示为广东省教育厅特殊教育精品课程建设项目。

（二）研发了小学智障生心理健康教育的教学策略

学校将心理健康教育贯穿于教育教学全过程，在把适合学生特点的心理健康教育内容有机渗透到日常教育教学活动中的基础上，着力研发了一个以课堂教学为主，以"团体心理辅导+个体咨询"为辅，以家校共育为助力的小学智障生心理健康教育的教学策略，旨在以课堂学习、辅导训练、活动锻炼、家校心理教育战地建设（如开设家长心理专题讲座、家长心理咨询、亲子活动等）为载体，以认知与实践相结合、团体与个体同关注、形式与类别多样化、家庭与学校齐推进的模式，将心理健康教育课程融入智障生的学习与生活中，全面构建智障生健康的人格与心理，为他们更好地适应生活，体验快乐，形成稳定的心理状态打下坚实的基础。

（三）开创了小学智障生积极心理教育的发展新模式

以积极心理学为指导，开创了以"积极心理教育课程+积极心理辅导活动"为基础，"积极校园环境支持+心理测验技术支持"为手段，"学生积极体验+人格特质研究"为目标的小学智障生积极心理教育发展新模式，鼓励教师一切以"积极"的角度看待智障儿童，用积极的内容和途径培养智障儿童积极向上的心态，用积极的过程和环境诱发智障儿童积极的情感体验，用积极的反馈强化智障儿童积极的效果，用积极的态度塑造智障儿童积极的人生的理念，进一步激发智障儿童自身内在的积极品质。

（四）制定了《小学智障生心理健康教育课程教学方案》

针对当前小学智障生普遍存在的焦虑、自卑、易怒、叛逆且自私狭隘，适应和交往能力弱等方面将严重影响其未来适应生活的心理问题，我们在积累了实施小学智障生心理健康教育经验的基础上，立足韶关区域特点和学生实际，研发了七大教学主题和49个教学内容，制定了《小学智障生心理健康教育课程教学方案》。教学方案主题鲜明、内容规整、可操作性强，突破了学校心理健康教育传统、单一的课程模式，让教师教有所成，学生学有进步。

四、效果与反思

（一）效果

1. 创新课程建设，引领学生健康发展

本成果创新设置了科学的"小学智障生心理健康教育课程"，研发了小学智障生心理健康教育的教学策略，开创了小学智障生积极心理教育的发展新模式，制定了《小学智障生心理健康教育课程教学方案》，应用效果良好。一是教师认可。课程与方案目标明确、内容清晰，教学策略可操作性强，让教师教有所依，有利于教师科学系统地开展心理健康教育。二是学生喜爱。课程与方案符合学生特点，游戏性强，寓学于乐。三是家长满意。课程的实施，有效提高了全校144名学生和县区特校68名学生的心理素质，培养了他们积极乐观、健康向上的心理品质，使其在学习、生活、自我意识、情绪调适、人际交往和升学等方面都有了很大的进步，得到了学生家长的一致好评。

2. 提高教育科研能力，打造专业师资队伍

（1）增强了育人意识，为教学质量"补钙"

学校将心理健康教育贯穿于教育教学全过程。教师在实施教育教学的过程中，自觉地在各学科教学中遵循心理健康教育的规律，渗透小学智障生心理健康教育内容。随着教师理论学识不断扩充、教育教学观念不断更新，教学质量也得到了进一步提升。

（2）促进了教师发展，为专业能力"充电"

面对心理健康教师严重紧缺的大环境，韶关市特殊教育学校通过引进和自主培养相结合，聘请知名专家定期入校对教师做心理健康教育技能培训，在不断提升心理健康教育理论水平的基础上，大胆实践，总结提升，不仅有效提高了教师心理健康教育的工作意识与业务能力，还营造了人人参与"大心理教育"的良好氛围。例如，通过参加各类心理健康知识培训，全体教师获得了心理健康教育C证，并利用所学的心理辅导知识与技巧指导学生行为，为学生疏导不良的心理……学校现有国家二级心理咨询师2名、三级1名，全校教师均取得心理健康教育培训C证以上资格，打造了一支优质的心理健康教育师资队伍。

3. 提升了学校办学品质，推动学校内涵发展

学校在开展心理健康教育课程研究与实施的过程中，不仅进一步提升了广大教师的科研能力，还有效促进了学校内涵发展，打造了办学品牌。近年来，学校被授予"广东省五一劳动奖状""广东省绿色校园""韶关市文明校园""韶关市文明单位"等23项荣誉称号。立项省市级课题32项，研究成果获省市级奖18项；教师的论文、课例、课件等参加各类竞赛获奖128人次。

4. 发挥了示范引领作用，促进教育均衡发展

我们将"小学智障生心理健康教育课程"和《小学智障生心理健康教育课程教学方案》在全校范围内共享，在实现全校教师素质能力共同发展

提高的同时，向乳源、曲江等县市区特殊教育学校进行推广与实验，达到相互学习、共同提高的目的，促进了教育均衡发展，备受师生和家长的赞许。

（二）反思

经过不懈努力，我们在小学智障生心理健康教育课程研究中取得了一定的成绩，但反思整个研究、实践过程，仍存在不足。

1.教师心理健康教育水平及研究能力有待进一步提高

心理健康教育的理论、方法、技术与手段和思想品德教育、知识教育不同，有其特殊性。对于大多数教师来说是一个新的领域，需要不断深入学习、参与培训，才能有所提高并掌握。同时，教师自身的心理素质会直接或间接地影响到学生的心理素质。如何进一步提高教师心理健康教育水平及研究能力是今后亟待解决的问题之一。

2.心理健康教育课程建设有待进一步深掘和推广

韶关市特殊教育学校研发的"小学智障生心理健康教育课程"和《小学智障生心理健康教育课程教学方案》虽然取得了一定成效，但是仍有继续深挖、持续研究、广泛推广的价值，如何不断完善、改进研究成果，惠及更多的小学智障生是我们下一步的研究重点。

3.家校共育的方式方法有待进一步创新

家庭教育对孩子的心理健康影响是很大的。由于智障儿童与普通儿童存在着巨大的身心发展差异，对于家庭教育来说，是一个巨大的挑战，因此，现阶段智障儿童的家庭教育存在着很多的问题。韶关市特殊教育学校将在定期举办"育儿专题讲座""家长心理健康讲座"等的基础上，创新方式方法，进一步提升家长心理健康教育水平，提升教育成效。

通过课题研究工作的开展，我们取得了良好的效果，不但培养了智障学生良好的心理、健康的人格，还有效提高了教师专业能力和水平，更促进了学校办学质量又好又快地发展。路漫漫其修远兮，吾将上下而求索。今后，我们将继续努力，扎扎实实地开展课题实验研究工作，从而推动学校办学成果更上新的台阶！

第一部分　小学智障生社会适应性发展

适应性行为是指个体保持生活独立，并能承担一定的社会责任。如果个体没有按照社会要求的标准掌握一定的行为或做出适当的社会化表现，那么他就有一定程度的智力落后。通过适应性行为的三个方面的学习有利于智障生的社会适应性发展。

一、社会适应的定义、方式、功能

（一）适应性行为

适应性行为（Adaptive Behavior）也称社会能力（Social Competence）、社会适应（Social Adjustment）、社会成熟能力（Social Maturity）或适应能力（Adaptive Capacity）。它是指以自身的心理成熟度与认知发展能力为前提，通过社会化而习得的行为，具有一定的发展性。

适应能力具有年龄特征，随着年龄的增长，适应行为复杂化，而社会会对不同年龄的儿童有不同的行为标准与要求，所以是否存在适应行为缺陷需根据儿童的年龄特征来进行判断。

（二）个体适应行为的三种基本方式

人的一生都在不断面临新的情境，比如自身的人格发展、调整自身对父母的依赖达到自身心理独立、人际交往、职业规划、婚姻、家庭等，每个阶段都有相对应的社会标准与发展要求。适应性行为是一生的发展性行为，是毕生的过程。而人类有机体在面对新情境时，常见的适应方式有以下三种。

问题解决——改变个体的社会环境，让社会环境适合自身的需求；

接受情境——改变人格以适应社会，个体改变自身对社会环境的认识，改变自身对社会环境的态度、情感、价值观，接受并遵守新情境的社会准则与规范，主动调整自身的思想与行为，从而达到社会标准与社会要求；

心理防御——个体在应对新情境的社会要求时，会与个体自身的身体和心理需求相悖而产生矛盾，这时个体利用心理防御功能来抒发或是掩盖自身因矛盾而产生的压力与焦虑来源。

（三）适应性行为的功能

适应性行为的功能可划分为积极功能与消极功能两个相对独立的维度，积极的社会适应能力能让个体在不同情境中体验舒适感与满足感，是一种积极体验。而培养学生的积极社会适应不仅能维护学生的心理健康，还能促进学生智力与能力的发展，塑造良好品行，形成健康人格。

二、社会适应的人格模型

人格心理学家在研究人格的发展规律、结构、内涵等问题时，针对个体的适应性也做出了解释，并提出了人格适应模式的理论，此理论可归结为三大理论模式：人格研究模式、智力研究理论模式、自我应对研究理论模式。

（一）人格研究模式

个体的适应性行为与人格的关系密切，确切地说，人格就是个体长期适应社会而塑造出的成果，也是制约个体社会适应的表现及特点。

（二）智力研究理论模式

适应性行为最初的研究目的是用来鉴定和诊断智力落后与智力障碍，所以发展较为成熟。而智力（认知）心理学家强调智力（认知）在个体社会适应过程中的作用，社会适应行为是一种社会智力，本质上就是个体运用自己的知识、经验和能力来调整自身的心理和控制自身的行为，让个体在新情境的适应中获得舒适感与满足感，保持自身与社会环境的和谐。

皮亚杰（J. Piaget）用图式、同化、顺应、平衡四个概念来阐述个体社会适应的内在机制，并认为智力是一种最高形式的适应，儿童心理并不是起源于先天成熟或是后天经验，而是主体的行为、动作对客体的情境环境的适应，最后取得自身与社会环境的平衡，并实现顺应和同化。

（三）自我应对研究理论模式

适应性行为的自我调节模型在心理学领域被看作心理应激反应，心理学家通过对自我控制、自我调节、自我监控等进行研究，认为自我具有适应机能，是进步而来的。

三、社会适应的标准

在正常的情况下，人体自身身体和心理保持平衡状态，在生活中能调试自身身心，自身行为能符合社会准则与行为规范，按照适应社会的标准与要求生活，并在生活中获取成就感与满足感，这就是适应性行为。相反，如果不能按照社会认可的要求与标准行事，在社会生活的过程中产生负面情绪与行为，致使其行为后果对本人或社会不利，则认为此人心理异常。

这里的正常或异常主要是与社会常模比较而言的。许多心理学家主要从社会适应的角度提出了判断心理是否正常的项目，例如马斯洛（Maslow）等提出了以下十项心理健康标准。

1. 有充分的适应能力；
2. 充分了解自己，并能对自己的能力做恰当的估计；
3. 生活目标能切合实际；
4. 与现实环境保持接触；
5. 能保持人格的完整和谐；
6. 有从经验中学习的能力；
7. 能保持良好的人际关系；
8. 适度的情绪发泄与控制；
9. 在不违背集体意志的前提下，有限度地发挥个性；
10. 在不违背社会规范的情况下，个人基本需要能适当满足。

四、社会适应的内容

社会并不是简单地由无数个团体、个人、环境组成的，它是复杂的、动态的，且无规律的。人不能脱离自己的生存环境、工作环境、人际关系以及个体的精神环境，智障生的生存环境比普通学生的更为严峻，由于智力、心理发育较为缓慢，使他们面对紧张的学习和陌生的环境时，更容易产生心理上的不适应，如果不能得到及时有效的帮助，逐渐会演变成异常社会人格。因此，分析智障生的社会适应能力非常有必要，主要有以下 8 项内容。

（一）拥有平凡梦想与心理预设不符的适应

梦想，是自己对长大后所从事职业的期望，是适应社会的指向标，是人生路上的一道风景线。每一个孩子都有梦想，梦想也各不相同，有人想当老师，有人想当医生，有人想当工程师。而智障儿童的梦想则没有那么具体，他们的梦想可能是每天都能和同学玩，能和老师一起做运动，能够得到一份来自老师、家长对自身进步的表扬，等等。这些对未来充满着憧憬和向往的平凡梦想，对于他们来说，也是一笔无比珍贵的财富。然而梦想的实现要从实际出发，需要付出更多的努力，如果仅仅停留在理论阶段，行动力不足，则容易造成美好的梦想与心理预设的脱节。学校的学习生活是积极的、包容的、正面的，一切以为了孩子的发展为主线，所创设的各种学习情境都是积极向上的。但现实社会具有一定的现实性、消极性，这导致学生毕业后走入社会时面临的情境与校园学习情境、学习内容有一定的差距，于是学生心中的梦想与心理方面的预设不符，自然产生不适应感。

（二）玩乐意识浓厚与劳动观念淡薄的适应

智障生随着年龄的增长，身体发育与正常学生没有多大的区别，但大多数智障生的智力与行为能力基本只停留在幼儿阶段。这个智力阶段的孩子的天性就是爱玩，他们享受玩乐的过程，吃饭时想玩，走路时想玩，上课时想玩，甚至进入梦乡时也想玩。由于心智上的不成熟，造成他们无法很好地控制玩乐的时间和限度，有相当大部分的智障生在没有接受老师的引导和训练前，劳动责任观念往往比较淡薄，较难从劳动中获取成就感与意义感。因此，如何让智障生懂得劳动是快乐的、有趣的、令人心情舒畅的这个道理，是我们很多特教工作者必须深思的一个问题。

（三）渴望得到关注与心理自我封闭的适应

由于智障生心理发展潜力的局限性，他们往往会不自觉地和同龄孩子做比较，内心希望得到关注的渴望不亚于其他正常的孩子。他们开始把注意力集中在自己的内心世界上，意识到自己的思想、情绪与其他人不同的心理特点。他们可能会有不受控制地发出怪叫声、随地乱丢铅笔纸屑、拍打课桌椅等不遵守课堂纪律的行为，但只要听到老师喊他们的名字，他们就会短暂地停止那些行为，把注意力转移到老师身上。虽然这个过程比较短暂并且效果不是很好，但从侧面可以看出他们渴望得到关注的迫切期望。

如何与他们进行感情交流，使之透露自己内心世界的想法和感受，让他们走出自我封闭的大门，是一项艰巨的任务。通过日记、画画、写字等来排解内心的苦闷和孤独感似乎是一种有效的方法。他们很想得到别人的理解。家长和老师对他们应该是鼓励多于训诫，同情多于批评，积极帮助他们排忧解难，使他们从苦闷与孤独中解脱出来，坚持不懈地朝着减轻智障生心理自我封闭产生的孤独感的目标前进。

（四）独立意识增强与心理依赖的适应

在学习或人际交往中，孩子拥有自己的见解和观点是培养其独立性的良好开端。我们面对的对象是智力发育迟缓的智障生，他们在学习生活中也会有参与问题讨论的机会，他们渴望在基本劳动、文明礼貌、安全预防等问题方面发表自己的想法，这是自信心和独立意识增强的一种体现。增强智障生的独立意识不是一蹴而就的，而是一项曲折的、长期的、重复性的、精力投入巨大的系统工程。一部分学生可能会遭遇"断乳"式的阵痛。他们一方面渴望得到参与班集体的各项活动的机会，另一方面则会因过分听从指令而产生依赖心理。他们在家庭中经济和生活未能独立，学校里知识技能学习未能完全习得，必然会使他们对家长和老师产生依赖的心理。当教师和家长面对这些孩子时，简单粗暴地说教或者过分关心地疼爱往往会适得其反。老师需要做的是"做样子"。"做样子"也就是树立榜样，在知识理论、生活技能、文明礼貌方面"带好头"。老师对待学生、同事、家长平等谦和的态度，会让学生也感受到平等、尊重，从而慢慢形成阳光、自信的学习生活及交友方式。因此，老师需要从约束、管教、溺爱的"导师"形象中解放出来。

（五）意志力增强与情绪波动大的适应

意志力就是你拿起一本书，不看完它绝不放下的一种愿力。大部分智障生有着普通孩子难以达到的强大意志力。你给他安排了扫地的任务，他能够从头到尾，不落一个角落地去完成。你让他在体育课上完成200米的热身跑步，他能够一米不少地跑完全程。坚持不懈地完成一件事似乎是他们身体里的一部分，外面的喧哗和吵闹似乎与他们无关，只有在完成任务的那一刻，才会心满意足地走到老师跟前，渴望得到表扬和赞许。然而我们的学生不是一台机器，强大的意志力也使他们的情绪更容易受到外在环境的影响，他们不能及时宣泄自己的情绪，因此压抑心头的情绪往往在完成任务后的精神松懈状态中达到阈值的上限。这个时候，他们可能会出现哭喊、自残、攻击同学和老师等不理智的举动，因此，及时有效地进行情绪疏导有利于智障生的身心健康发展。

（六）好奇心强与鉴别能力差的适应

好奇心是人类的本能。我们会对进入视野的任何物体或人产生注意，会对陌生的事物有了解的渴望。时代进步，科技日新月异，在现代社会的生活中，广播、电影、录像、短视频、多媒体等视听工具被广泛运用，使得各种各样繁杂的信息充斥着儿童的视听器官，使得儿童对未知的世界愈发产生好奇，乃至猎奇的心理。但由于智力发育较为迟缓，使他们只能简单地处理一些直观的信息，对事物的认识往往显得片面和狭隘，加之选择信息、辨别是非的能力还较弱，容易被表面现象所迷惑，出现认知混乱。长此以往，将非常不利于其身心健康发展。教师需要通过不断地给学生灌输健康的思想、帮助其扩充知识，增强其对真善美、假恶丑的鉴别能力，引导学生树立正确的人生观、价值观，为将来适应社会生活打好基础。

（七）学习内容广泛与缺乏学习兴趣的适应

智障生要学习生活语文、生活数学、运动与保健、信息技术、绘画与手工、唱游与律动、生活适应等各种生活技能。对于老师简单地教授的课本知识和做人的道理，往往不太感兴趣，他们对事物外在的兴趣大大超过了对事物内容本身的兴趣。如何才能激发智障生的学习兴趣呢？老师可以通过让学生想象一些自己已经完成的事情，回味从老师那得到的表扬和赞许，因为令人愉快的事物总能激发兴趣，从而使学生从众多的学习内容中逐步形成一个稳定的学习兴趣。

（八）性生理的发育与性心理健康教育的适应

由于身体的加速生长，心智发育的迟缓，使智障生更难适应，而性意识的懵懂，以及传统性教育的缺乏，可能使他们产生不健康的性心理。他们可能知道要分男生、女生洗手间，男生和女生如厕方式的不同，但是大部分智障生对异性身体结构和两性关系的了解还处于空白状态，可能会做出环抱异性等不良的举动。教师在向儿童教授人体基础的身体、生理结构等基础理论知识的同时，还需要关注学生的性心理健康，通过宣传性知识，使学生了解自身身体结构及发育规律，及时做好学生的心理健康发展状况方面的记录，建立学生个别化心理健康发展档案，一旦发现问题的苗头，就要及时有效地进行心理干预。

总之，导致智障儿童产生社会适应问题的原因是复杂的，有其自身身心发展的特点，还有来自家庭、学校、社会等方面的影响。引导他们适应社会不仅要从理论知识出发，还需要关注营养输入、体育锻炼、作息习惯等方面的问题，"多管齐下"，才能有的放矢地做好智障儿童的社会适应工作。

五、智力障碍儿童社会适应能力的特点与表现

（一）智力障碍儿童的社会适应能力的特点

1. 适应能力水平随智力障碍程度的加深而降低；轻、中、重度智力落后儿童的社会自制能力发展较好，其次是独立功能的发展，最后是认知功能的发展。
2. 智力落后儿童的适应性行为发展规律基本相同，生活自理技能最佳，其次是个人取向，最后是经济活动与时空定向的能力。
3. 智力落后儿童之间适应行为的发展亦存在差异，如个人取向、语言

发展、社会责任、经济活动和时空定向能力方面，轻度智力落后儿童的发展性与能力较强。

4. 智力落后儿童的适应性行为不存在明显的性别差异，且轻、中度的智力落后儿童的适应性随着年龄的增长而提高。

5. 智力落后儿童的适应性行为发展性高、潜力大，影响智力落后儿童适应能力发展的三大因素有智力、不良情绪、生态环境（包括家庭、学校、社区）。

（二）不同程度的智力落后相对应的适应性行为表现

伯驰（Brich）和斯洛恩（Sloan）针对四种智力落后程度与不同年龄阶段的适应能力表现进行了详细的描述。

表1-1　不同程度智力落后的适应性行为表现

智力落后级别	学前（0~5岁）成熟和发育	学龄（6~21岁）训练和教育	成人（21岁以上）社会和职业适应
一级（极重度智力落后）	总体迟滞，感知运动领域能力极差，需要监护	不能在生活自理能力训练中受益，需要监护	某些运动能力及言语得到发展，不能自我护理，需要完全的看护和监督
二级（重度智力落后）	运动发展很差，言语能力有限，一般来说不能从生活自理训练中受益，交流能力极差甚至完全没有语言及言语能力	会说话及学习交流，通过训练能养成一般的健康习惯，能从系统的健康习惯训练中受益	在充分的监督下，能做到部分生活自理，能发展一些低限度的自我保护技能
三级（中度智力落后）	会说话并学习交流，社会意识很差，运动发展达到相当不错的程度，只能从某些生活自理训练中获益，需中等程度的监护	通过特殊教育，到青年晚期大致能学会四年级的课程	在技术不强的岗位上能做到半自立，即使在很轻微的社会和经济压力下，也需要监护和指导
四级（轻度智力落后）	能发展社交技能和交流技能，感知运动领域和发展有点迟缓，较晚才会与同龄人之间表现出差异	到青年晚期大致可学会六年级课程，不能学会普通中学课程，在中学阶段特别需要特殊教育	在恰当的教育下足以胜任社交和职业情境，在严重的社会和经济压力时需要监护和指导

六、学校适应能力

韦小满等人于2004年编制了社会适应能力评定量表，以下是学校适应能力量表。

表 1-2　学校适应能力评定量表的结构

分量表	内容结构		
	A.认知	B.情感	C.行为
与人际相关的社会适应能力	A1 认识他人 A2 理解他人 A3 评价他人	B1 合群	C1 合作 C2 分享 C3 礼貌 C4 冲突解决 C5 助人 C6 交谈/交往 C7 求助
与环境事务相关的社会适应能力	A1 认识学校环境和重大事件	B1 责任感 B2 集体荣誉感	C1 爱护学校环境 C2 遵守规则
与自我相关的社会适应能力	A1 生理自我 A2 社会自我 A3 能力自我	B1 自尊/自信	C1 坚持性 C2 自制力/延迟满足 C3 情绪表达与控制
与人际相关的社会适应能力	A1 认识他人 A2 分辨关系	B1 理解	C1 交谈/交往 C2 礼貌 C3 分享/合作 C4 关心/帮助 C5 诚实/守信 C6 求助

（一）适应性行为的三个方面的学习

功能学习。功能学习包括感知学习（视觉、听觉、嗅觉、味觉）、口语学习（语言障碍训练）和行动学习（行走训练、反应速度、协调训练）。例如，在视觉训练中，要求学生观察不同距离的同类物体，如足球、篮球、排球；辨认不同颜色的同类物体，如红苹果、青苹果，从而形成初步的视觉概念。在听觉训练中，通过采购专业的设备，对智障生进行音响度、音高度、听觉记忆等方面的训练。例如，让智障生戴上耳机，用仪器播放一段音频，由熟悉的声音，如打雷声、上课铃声、猫叫声、敲门声，到陌生的声音，如蜂鸣声、切割声、敲打声；用周围生活中常见的物体发出声音，让学生辨别出各种物体的声音大小，区别声音的音响度、音高度，加强听觉记忆。

智力学习。智力学习包括思维能力训练、记忆力训练、注意力训练、兴趣培养。设置整体感知、互动训练的操作课程，对智障生的行为进行及时反馈，并通过由易到难的课程设计，调动学生的学习兴趣，训练和提高他们的思维能力，增强短时记忆力，并促进长时记忆的形成，从而开发智障生的智力。例如在记忆力和注意力训练中，选取智障生生活中常见的事物作为内容，配合必要的数字概念内容，以图片和文字的方式呈现，如粥、铅笔、香蕉、花、牛奶、手、纸巾、电视机、番茄、跷跷板、邮票等。学生点击图片，图片会消失并出现在屏幕的其他位置，此时图片的大小发生改变，点击大约15次之后，界面上会弹出反馈的图案作为奖励。下一阶段，将以图文配对的方式呈现，要求学生拖动图片到对应的文字上，如果配对正确，将出现反馈图案作为奖励。通过系统的学习，训练智障生的记忆力和注意力。

行为矫正学习。对智障生的异常行为进行技术矫正，主要包括正强化、消退、塑造、针对性惩罚等方式。以正强化为例，一名智障生平时情绪不稳定，上课不遵守纪律，经常有发出怪叫、拍打桌椅等不良行为。在该行为出现之后，教师应立即对学生进行情绪安抚，通过积极强化物锻炼其自制力；再结合其需求与动机，转移其注意力，慢慢将其引导到课堂活动中；再结合心理教师通过情绪宣泄等正确方式来调整其行为问题。

（二）社会适应能力培养的注意事项

1. 正确看待学生的个人能力与发展进度，用爱心、耐心、关心陪伴孩子成长。

2. 注重培养孩子自尊心与主人翁精神，以平等的态度与孩子沟通、相处，尊重孩子自身的意识，培养孩子自尊、自信、自重，不卑不亢的精神。

3. 以积极正面的态度激励孩子的动机，以适当的表扬提高学生的舒适感与满足感。

4.言传身教，学生模仿能力较强，亲人和老师的现实榜样影响着孩子学习、生活中的行为习惯，对社会适应行为的影响起到关键作用。

七、社会适应性发展主题心理健康教育实践

第1课　我喜欢新学校

【教师寄语】

亲爱的同学们，欢迎大家来到我们的学校，开始迎接你们的学校生活。学校的生活丰富多彩、充满挑战，让老师带着你们一起拥抱新的生活，做一个更好的自己吧!

【教学对象】

小学一、二年级轻、中度智障生。

【学习目标】

1.懂得新学校与家里的不同，接受新环境带来的变化。

2.掌握适应新学校的方法。

3. 学会以乐观主动的态度适应新学校。

【课堂约定】

1. 听从指令。

2. 有需求时，要举手表达，勇敢地说出自己的想法。

3. 不随意批评他人的观点，用掌声对他人的发言表示鼓励。

【资源准备】

1. 图片（学生：家庭生活照、校园生活照；校园照、教师照、学生照）。

2. MP3（《上学歌》）。

3. "快乐成长家庭树"展示板。

4. 奖章、卡纸、剪刀、颜料、电子屏。

【教学流程】

一、热身活动

1. 播放歌曲《上学歌》。学生与教师一起手拉手唱歌，加强学生的亲近感。注意学生的情绪，如有不愿意参加的学生，助教要调整学生的情绪，并在旁指导。

2. 请各位认识我。有能力的学生自主参加，能力较弱的学生则在教师引导下，进行语言或肢体动作参与。

新的旅程开始了，我们拥有和以前不同的体验，我们有了新老师、有了新同学，有了丰富多彩的学习生活。

自我介绍。

看图片说说生活中的我。

二、主题活动一：看一看，丰富多彩的学校生活

1. 小组比赛。抢答游戏——"我知道"。

2. 出示学校场地、任课教师、个别同学的图片，引导学生抢答，说出从图片中了解到的信息内容。比如教室———一起上课、学习；陈老师——教我们生活语文；等等。

三、主题活动二：比一比，发现成长的不同

将家庭生活照与校园生活照进行对比，引导学生感受不同的环境。

1. 家里与学校比一比

出示家中独自玩耍与在学校和同学一起开心游戏的图片。

说说你发现了哪些差别。

你更喜欢哪里？为什么？

出示家中布置与新学校环境优美场所的图片。

这两个地方有什么不一样？

现在的你更喜欢哪里？为什么？

2. 找出新家的特别之处

小组讨论：新家和我们自己的家比，还有哪些不一样呢？

其实，我们这个新家与我们自己的家相比，不同的地方还有很多呢，你能发现吗？和你身边的新朋友、新家人说一说。

小组汇报：每个小组派一名代表说说喜欢新家的什么地方，教师给说得好的小组颁发"顶呱呱"奖章。

四、拓展活动：布置我们的新家

结束阶段：画一画，布置我们的新家。

在我们的新家，还有一个地方没来得及布置，那就是我们的"快乐成长家庭树"，今天我们就要一起来完成这个任务。

（1）学生贴手印。教师按照学生的能力层次分座位，层次高的分为一组，通过教师语言指导完成剪手印、贴手印的任务；层次较低的分为一组，由助教辅助指导剪手印、贴手印。

（2）师生合作将手印贴在"快乐成长家庭树"上。

五、课后作业

1. 教师在微信家长群里面上传今天在学校学习的图片，让学生结合图片向家长介绍自己的校园生活。

2. 与爸爸妈妈分享在学校的感受。

【课外拓展】

《我上小学了》绘本推荐。

第2课 我有新朋友了

【教师寄语】

同学们，我们在学校有了新的朋友。我们一起学习、一起玩乐、一起打闹，生活也因为有朋友而变得色彩斑斓。老师祝愿大家在学校找到知心朋友，与你们一起携手共进、共同成长。

【教学对象】

小学一、二年级轻、中度智障生。

【学习目标】

1. 记住新朋友的样子和名字，也让同学记住自己，初步掌握结识新朋友的技巧。

2. 通过游戏活动，增加与教师、同学的亲近感，喜欢和他人交往。

3. 能熟悉、喜欢新教师、新同学，适应新环境。

4. 能主动表达自己对他人的亲近感。

【课堂约定】

1. 认真倾听，不随意打断他人发言。

2. 有需求时，应举手表达，勇敢地说出自己的想法。

3. 不能随意走动；不随意批评他人的观点，用掌声对他人的发言表示鼓励。

【资源准备】

1. 手绢、儿歌音频（《丢手绢》《找朋友》《你的名字叫什么》《我的朋友在哪里》）。

2. 视频（《好朋友》）。

3. 电子屏。

【教学流程】

一、热身活动

热身游戏：大朋友、小朋友。

播放音乐《丢手绢》，教师带着学生跟着音乐做游戏。

游戏规则：学生们与助教围坐成一个圈，教师先选能力较强的学生拿着手绢，在圈外慢跑或是走动。教师引导坐着的同学一边拍手，一边跟着歌曲的旋律唱歌。丢手绢的人在圈外走动，趁人不备把手绢丢在其中一个人的身后，然后丢手绢的人继续转。如果丢下的手绢被这个人发现，就必须拿起手绢赶紧去追丢手绢的那个同学，追上了丢手绢的那个同学后，丢手绢的同学就要站到圈中间，告诉大家他现在最喜欢的同学是谁，是否跟他成为了朋友，并走过去跟他打招呼。

二、主题活动一：手牵手，好朋友

1. 你的名字叫什么？

（1）播放歌曲《你的名字叫什么》。

（2）学生在教师的引领下随着音乐哼唱《你的名字叫什么》。

（3）音乐停，教师走到 A 同学面前，A 同学起立回答：我的名字叫

×××。师生竖起大拇指齐唱:你的名字真好听!

2. 手牵手、好朋友。

(1)播放音乐《找朋友》。

(2)示范:邀请一位同学上来和教师一起做示范,如"大家好,我叫×××,我喜欢画画"。

(3)引导学生主动找到自己想要交往的同学,然后伸出自己的手去牵他,并且勇敢地向那位同学介绍自己的名字和爱好。然后再比一比,看谁交到的朋友最多。

活动开始,伴随着音乐《找朋友》,同学们开始在班级里自由走动,找好朋友。找到自己喜欢的朋友就主动握手问好并介绍自己。握手问好一次,教师就给贴一个小红花,代表交到一个朋友。在一段音乐过后数数谁交到的朋友最多。

(4)请同学说说在刚才的活动中跟哪些同学交了朋友,邀请他们上台并相互介绍。

(5)引导学生明白:要勇敢地把自己介绍给别人,才能交到新朋友。

三、主题活动二:好朋友,抱成团

1. 播放音乐《我的朋友在哪里》。

2. 各组同学围成圆圈,手拉手慢走,音乐停,和旁边的小朋友抱在一起。可以找同一组的同学,也可以找不同组的同学。可以2个好朋友抱,也可以多个,人数不限。找到最多朋友的同学可以相互喝彩、分享。

3. 请同学说说当你找到朋友跟你抱在一起时,你的心情怎么样,当你还没有找到朋友的时候,你希望怎么样。

4. 引导学生明白:有礼貌、大方、主动地去认识别人,就会结交到更多的朋友。

四、拓展活动

1. 播放视频《好朋友》。

2. 学生拉着朋友的小手跟着视频内容一起唱歌、跳舞。

3. 教师总结。

五、课后作业

1. 与爸爸妈妈分享今天游戏的感受。

2. 告诉爸爸妈妈今天交了哪些朋友,分别叫什么名字。

【课外拓展】

《我能和你交朋友吗?》绘本推荐。

第3课 我给书包减肥

【教师寄语】

亲爱的同学们,书包是我们的好帮手,我们每天上学都离不开它,我们要爱护它,养成每天整理书包的好习惯,帮书包减减肥吧,和书包做个好朋友吧!

【教学对象】

小学一、二年级轻、中度智障生。

【学习目标】

1. 按课程表将学习用品有条理地装进书包。

2. 培养学生每天整理物品的习惯。

【课堂约定】

1. 认真倾听,不随意打断他人发言。

2. 有需求时,应举手表达;勇敢地说出自己的想法。

3. 不随意批评他人的观点,用掌声对他人的发言表示鼓励。

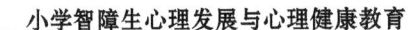

【资源准备】

1. 两个书包。

2. 大小不一的课本若干、文具若干、课程表1张。

3. "整理书包"视频。

【教学流程】

一、热身活动

1. 猜谜语：它是我的好帮手，每个同学都拥有，书本文具帮我拿，每天我要背它走。（谜底是书包）

2. 分享感受：说说自己喜欢的小书包。

3. 教师小结：书包可以装什么东西？书包可以装本子、文具盒、书本、衣服。小书包用处大，我们要爱护小书包。

二、主题活动一：整理书包小能手

1. 准备两个书包（一个书包内很整洁，一个书包内很乱），每个书包中各有一支绿色的笔，请两位学生上来各选择一个书包，先找到那支绿色的笔的同学获胜。

2. 分享体验：自己为什么能获胜？这两个书包内有什么不同？

3. 教师小结：整理书包有方法是把书本、资料袋、衣服按顺序放好。最后播放整理书包教学视频。

三、主题活动二：给书包"减肥"

教师拿出一个很重的书包和一个很轻的书包，请同学来背一背，说出有什么不同的感受，请大家帮这个很重的书包减减"肥"。

1. 助教提前在书包中放入与学习无关的物品，如玩具。

2. 让学生从书包拿出与学习无关的物品，整理书包。

3. 让学生背上"减肥"后的书包,说说感受。

4. 教师表扬同学们做得棒。

四、拓展活动

学生按照第二天的课程表整理好自己的小书包。

五、课后作业

1. 教师在家长群里面上传今天学习整理书包的图片,结合图片,让学生向家长介绍整理书包的方法。

2. 与家长一起分享成功帮书包"减肥"的喜悦。

【课外拓展】

1. 家长与学生一起观看整理书包的小视频。

2. 逐步培养学生做完作业后整理书包的好习惯。

第4课　遵守规则我能行

【教师寄语】

亲爱的同学们,我们每个人都要遵守学校的各项规章制度,如果没有规则的约束,社会秩序就会变得混乱。如果不遵守交通规则,意外横祸就可能危及生命!同学们,我们都要做遵守规则的好学生,遵纪守法的好公民。

【教育对象】

小学一、二年级轻、中度智障生。

【学习目标】

1. 知道生活中处处有规则,每个人都要主动遵守规则。

2. 逐步建立遵守规则的意识,自觉遵守学校各项行为规范。

3. 了解不遵守规则的坏处，体会遵守规则的快乐。

【课堂约定】

1. 认真倾听，不随意打断他人发言。
2. 有需求时，应举手表达，勇敢地说出自己的想法。
3. 不随意批评他人的观点，用掌声对他人的发言表示鼓励。

【资源准备】

1. 投影播放：斑马线、红绿灯、学生上下楼梯的图片。
2. MP4视频（校园中学生不守规则的现象、生活中人们闯红灯现象）、"如何遵守上下楼梯规则"视频。
3. 电子屏。

【教学流程】

一、热身活动：猫抓老鼠

活动规则：

1. 根据老师口令"老鼠跳"，老鼠跳一格；"猫跳"，猫跳一格。
2. 认真听口令，老鼠跳时，猫不能跳；猫跳时，老鼠不能跳。
3. 不能多走一步或者走出线外，要遵守游戏规则。

二、主题活动一：遵守学校规则

1. 看视频——下课：小朋友在下楼梯时摔倒了。为什么会出现这样的情况？因为学生下楼梯时跳下楼梯的台阶，导致他摔倒了。
2. 播放视频：如何遵守上下楼梯的规则。
3. 看图片，判断小朋友上下楼梯是否遵守了规则。

三、主题活动二：遵守交通规则

1. 播放视频：小朋友过马路没有左右看一看，有汽车来往，导致小朋友差点被撞到了。

2.播放视频：如何遵守交通规则。

3.通过小游戏，让小朋友认识红灯、绿灯。

4.情景结合，学生模拟过马路，适时教导学生要遵守的规则。（过马路，请走斑马线。红灯亮，请停止。绿灯亮，左右看一看，请通行）

【课外拓展】

回家与爸爸妈妈一起找一找，我们在社会上还要遵守哪些规则，和爸爸妈妈一起做遵守规则的好公民。

团体辅导第 1 课　适应新的校园环境

【活动目的】

1.消除学生在新环境生活的陌生感，带领学生体验丰富多彩的学校生活。

2.让学生从心理层面接受学生生活，适应学校生活，为接下来的校园学习、生活打下坚实的基础。

【辅导重点】

1.通过游戏，让学生初步掌握与人交往的方式，消除学生之间、学生与教师之间的陌生感，拉近彼此的距离。

2.让学生在游戏中熟悉校园环境，消除学生的紧张情绪，使其进一步适应新学校的生活。

【辅导对象】

小学一、二年级轻、中度智障生。

【活动时长】

1课时。

【辅导流程】

一、团辅主题导入活动

播放歌曲《上学歌》，教师带学生一起唱歌。

二、团体主题活动一：击鼓传球

学生们到新学校不久，通过游戏增进师生间、同学间的感情，拉近彼此的距离。

1.游戏的规则：一位学生负责击鼓，鼓声响起后其他同学开始传球，当鼓声停止时，最后拿着球的同学要在黑板上写出自己喜欢的校园内的任一场地、老师或同学，并说说为什么。

2.注意事项：

（1）若学生不清楚游戏规则，可以给予游戏示范。

（2）教师需要关注全体成员，对参与游戏的成员进行适当的引导。

（3）若某个学生一直不参与游戏，需关注其情绪，引导其参加游戏。

三、团体主题活动二：抢答游戏——我最棒

同学们到新学校不久，通过游戏，可增加同学们对学校环境的熟悉程

度，提升适应新校园的能力。

1. 游戏的规则：

（1）出示学校的某个场地（以教室、感统训练室、操场为主）的照片，让学生说一说这是什么地方，在这里能干什么。

（2）出示任课教师的照片，让学生说出是哪位教师。

（3）出示个别学生的照片，让其他学生一起认出是班里的哪位同学。

2. 注意事项：

（1）若学生不清楚游戏规则，可以给予游戏示范。

（2）教师需要关注全体成员，对参与游戏的成员进行适当的引导。

（3）若某个学生一直不参与，关注其情绪，引导其参加游戏。

四、团体活动小结

今天，我们通过游戏进一步熟悉了我们美丽的校园、亲切的教师、友好的同学，在校园，我们很快乐，我们都喜欢在美丽的学校里一起玩耍、一起学习！

团体辅导第 2 课　认识新朋友

【活动目的】

1. 消除学生对教师和同学的陌生感，增强学生对周围人群的好奇心与亲近感。

2. 提高学生对新环境的适应感，找到喜欢的同学成为好朋友，培养学生对校园的热爱之情。

【辅导重点】

1. 通过游戏，让学生消除胆怯、疑惑的心理，勇敢地融入学校生活。

2. 让学生在游戏中消除与其他同学的陌生感，找到自己喜欢的同学，相互认识。

【辅导对象】

小学一、二年级轻、中度智障生。

【活动时长】

1课时。

【辅导流程】

一、团辅主题导入活动

1. 播放音乐《找朋友》，师生一起大声歌唱，放松身心。

2. 学生说出自己的名字，互相认识。教师协助学生手拉手，认识相邻的新朋友，再让学生把新朋友的名字告诉大家。

3. 播放音乐，邀请同学在班里随意走走，音乐停下就找到自己的好朋友手牵手。

4. 说一说：我们交到了哪位新朋友。

注意事项：注意观察学生的情绪状态，如果学生不愿意参与活动，助教需多关注该学生的情绪状态，不可强迫学生参与。

二、团体主题活动一：贴鼻子

小组比赛"贴鼻子"，学生可以根据自己喜欢的颜色选择鼻子道具，找到"小丑"脸部正确的位置贴下去，然后以"开火车"的方式由下一位同学继续贴。最快完成，鼻子贴得最整齐漂亮的一组为胜。

游戏规则：

1. 第一次，独立完成，看谁能最快、最准确地把小丑的鼻子贴好。

2. 第二次，邀请新朋友帮助你，再玩一次"贴鼻子"游戏。

三、团体主题活动二：抱团团

师生起立站好，同学们根据老师说的数字指令找到相对应数字的同学抱在一起。完成任务的获得胜利，未完成任务的需要向同学们介绍自己。

1. 游戏规则：

（1）学生分散站好。

（2）在相对应的时间内完成抱团活动。

（3）在游戏过程中不可对其他同学做出负面评价。

（4）不可推搡他人。

（5）没有完成抱团游戏的人需向同学做自我介绍。

2. 活动重点（目的）：加强团队成员之间的熟悉度，活跃气氛。

3. 注意事项：

（1）教师需要关注全体成员，对参与度低的学生进行适当的引导。比如，若某个学生一直不参与活动，助教则需要观察其情绪状态。待其状态稳定，教师在第二轮游戏开始时，指定从该同学开始，助教辅助其完成活动。

（2）若学生不清楚游戏规则，可以给予游戏示范。

四、团体活动小结

在刚才的游戏过程中，同学们都玩得很开心，并在游戏中找到了自己的新朋友。在新朋友的互帮互助下，我们玩得更开心、效果也更好，相信在以后的校园生活里，我们也一定会生活得更快乐！

家育课堂第 1 课　适宜的家庭教育架起家校桥梁

【活动目的】

1. 转变家长的教育理念，让家长明确家庭教育的重要性和必要性，提升家长对孩子开展家庭教育的意识。

2. 厘清家庭教育的现状与问题，转变家长教育理念，改变他们的错误行为，促使家长的家庭教育方向与学校保持一致，共同构建家校共育桥梁。

3. 给予家长科学的育儿策略，提升家长开展家庭教育的科学性与实效性。

【辅导重点】

引导家长们通过心理干预和行为养成，帮助有智力障碍的儿童尽快适应小学的集体学习和生活。

【辅导对象】

小学一、二年级轻、中度智障生的家长。

【活动时长】

1课时。

【辅导流程】

一、主题教育活动一：探讨家庭教育的重要性和必要性

家长是孩子的第一任教师，家长的一言一行都对孩子的成长有潜移默化的影响，成为影响孩子人格发展的关键因素。

1. 家长是最关心孩子的人，对孩子的成长需求最为迫切。

2. 家长是最了解孩子的人，可以最大限度地挖掘儿童的潜能，规避孩子教育、发展中的短板，减轻智力障碍对其造成的不良影响，加速儿童认知的发展，促进儿童的社会化以及性格的均衡发展。

3. 家长是孩子成长最大的强化源，家长对孩子天然的、发自内心的爱，以及孩子对家长的情感依恋，可以加快孩子学习的速度，使训练、干预的效果最大化。

4. 家长是家校教育共育的桥梁，高质量的学校教育与训练还需要高质

量的家庭教育与训练的辅助和巩固，家校教育方向一致、相互协同与配合才能孵化出最佳的教育和训练成果。

总之，父母对孩子给予适时的关心、疼爱、理解以及科学合理的教育，将给智力障碍儿童的成长带来正面、积极的影响。

二、主题教育活动二：探究智力障碍儿童家庭教育的现状与问题

（一）父母的教育观念落后

1. 采取消极、退避的应对方式，影响了智力障碍儿童的社会性发展。不愿意在亲朋好友面前谈及自己的孩子。不愿意带孩子接触社会、了解社会，这使其丧失了与人打交道、学习与人交往的规则、与同龄小伙伴游戏的机会。

2. 对孩子的发展缺乏信心。家长对智力障碍儿童没有形成客观、正确的认识，有的过分强调孩子的缺陷，认为即使对孩子进行教育也于事无补，孩子的现状不可能得到改变。

3. 忽视自身在教育中的优势。仅仅将自己定位为抚养者，过分依赖学校教育，忽视了特殊儿童的教育是教师和家长的共同责任，耽误了早期教育的宝贵时间。

（二）父母缺乏特殊教育的专业知识，失去教育的信心

家长掌握的特殊教育理论与专业技能非常少，得不到系统的、专业的咨询和指导，导致在教育孩子的过程中感觉到力不从心，付出的努力未取得预期的结果，丧失了教育和训练孩子的信心。

（三）教育方法不当

1. 过分溺爱、百依百顺。致使孩子自私、以自我为中心、目中无人、共情能力不足、不懂得分享与合作，不善于控制自己的情绪。

2. 大包大揽、代替代办。导致孩子视野狭窄、应变能力低、在生活实践中不会选择、独立生活能力差、甚至出现人格的不健全发展。

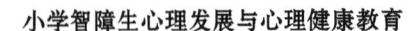

3. 智力优先、弱化自理。过分关注儿童知识的学习，忽视对孩子生活自理能力的训练和社会适应行为的培养，缺乏生活自理与社会适应能力，阻碍了智力障碍儿童社会性的发展。

三、主题教育活动三：寻找高效家庭教育的策略

（一）努力探索、学习，寻找适合自己孩子的教育、训练方法

（二）相信孩子、放手放心，给孩子多提供实践的机会

1. 观看视频"四岁阿花学做饭"。

2. 通过图片、视频展示智力障碍儿童在学校老师的教育与训练下入校一年后的转变。

探讨：是孩子做不到还是我们觉得他/她做不到呢？

家庭教育策略分享：

（1）增强对孩子的信任感，做个旁观者，培养孩子克服困难的精神和生活能力。

（2）从小事开始做起，培养学生学习、生活的好习惯。

（3）用恰当的态度与标准去要求孩子，鼓励孩子；用善于发现美好的眼光去看待孩子的每一点进步。

（4）要重视孩子的每一点进步、每一次成功，以积极的强化方式促进孩子进一步的发展。

（三）积极配合学校教育，提升家校共育成效

四、主题教育活动小结

亲爱的家长们，我们的孩子可塑性与发展性是很强的，用心的教育能让我们的孩子有飞跃式的进步。让我们架起家校桥梁，用心共育我们的孩子，细心观察他们的成长，用掌声激发他们的潜能，共筑他们独立、健康的人生大道！

第二部分　学习心理辅导与小学智障生的学习

一、学习的定义

（一）学习的五个层次

最广义的学习（包括动物的学习和人类的学习）：指人和动物在生活中获得个体的行为经验以及行为变化的过程。

次广义的学习（指人类的学习）：指人在社会生活实践中，以语言为中介，自觉地、积极主动地掌握社会和个体的经验的过程。

狭义的学习（专指学生的学习）：指学生在教师的指导之下，有目的、有计划、有组织、有系统地进行的学习。

次狭义的学习：指知识和技能的获得与形成，以及智力因素和非智力因素的发展与培养。

最狭义的学习：专指知识和技能的获得。

（二）心理学中关于学习的定义

1. 学习理论中对学习的定义

学习是通过试误而形成刺激与反应之间的联结。（桑代克）

学习是指通过观察模仿示范者的行为而习得新的行为。（班杜拉）

学习是对情景中各种关系的顿悟而形成完形。（苛勒）

学习是对符号意义的认识而形成认知地图。（托尔曼）

学习是学习者主动形成认知的过程。（布鲁纳）

学习是人的自我实现（成为一个完美的人）。（人本主义心理学）

2. 心理学家对学习的定义

学习就是"通过由经验产生的个体行为的适应性变化而表现出来的过程"。（索普）

学习是"由强化练习引起的有关行为潜能的持久性变化"。（金布尔）

学习是描述那种与经验变化过程有关的一种术语。它是在理解、态度、知识、信息、能力以及经验技能方面学到相对恒定变化的一种过程。（维特洛克）

由练习或经验引起的行为或知识的较持久的变化。（温菲尔德）

学习是人的倾向性或能力的变化，这种变化能够保持而不能单纯归因于生长过程。（加涅）

学习是指一个主体在某种规定情境中的重复经验引起的，对那个情境的行为潜能的变化。这种行为的变化是不能根据主体的先天反应倾向、成熟或暂时状态（如疲劳、醉酒、内驱力等）来解释的。（鲍尔、西尔加德）

学习是人和动物凭借经验引起的倾向或能力的相对持久性的变化过程。（周谦）

学习是指学习者因经验而引起的行为、能力和心理倾向的比较持久的变化。这些变化不是因成熟、疾病或药物引起的，而且也不一定表现出外显的行为。（施良方）

学习就是人在一定情境下掌握一定的知识和由知识所制约的活动系列

的过程。（李伯黍）

人的学习的实质是人与人相互进行社会交往，借助语言为传递工具，通过人类智能器官，掌握社会历史经验，形成人的智能的社会活动。（刘兆义等）

二、学习的内涵

（一）学习的分类

1. 按照学习主体分类

从学习主体来说，可分为动物的学习、人类的学习和机器的学习。

2. 按照学习结果分类

从学习结果来说，心理学家加涅（R. M. Gagne）将学习分为五种类型。

（1）言语信息，即掌握以言语信息传递的内容，学习结果是以言语信息表现出来的，帮助学生解决"是什么"的问题，比如"北京是中国的首都"。

（2）智慧技能：分为辨别、概念、规则及高级规则（解决问题），而辨别技能是最基本的智慧技能。智慧技能的学习是帮助学生解决"怎么做"的问题，用以对外界的符号、信息进行处理加工。如"怎样把分数转换为小数"。

（3）认知策略：是学习者用以支配自我的注意、记忆和思维的有内在组织的才能，这种才能使得学习过程的执行控制成为可能。如"如何更好地记忆""如何提升思维的能力"。

（4）态度：指对人或事所采取的行动。包括对家庭、社会关系的认识，对某种活动产生的情感等。

（5）动作技能：又称运动技能，如体操运动、写字技能，它也是能力的一个组成部分。比如骑车、打篮球等。

3. 按照学习意识水平分类

从学习意识水平来说，美国心理学家阿瑟·S. 雷伯（Authur S.Reber）将学习分为内隐学习和外显学习。

（1）内隐学习：是指有机体在与环境接触的过程中不知不觉地获得经验的学习。

（2）外显学习：有意识地付出心理努力并需要按照一定规则做出反应的学习。外显学习行为受意识的控制、有明确目的、需动用注意资源、要做出努力的学习。

4. 按照学习性质与形式分类

从学习性质与形式来说，奥苏贝尔根据以下两个维度，对认知领域的学习进行分类。

（1）根据学习进行的方式，可将学习分为接受学习和发现学习。接受学习是将学生要学习的概念、原理等内容以结论的方式呈现在学生面前，教师传授，学生接受。发现学习是指学生要学习的概念、原理等内容不直接呈现，需要学生通过独立思考、探索、发现而获得。

（2）根据学习材料与学习者原有知识的关系，学习分为机械学习和有意义学习。机械学习是指当前的学习没有与已有知识建立某种有意义的联系，比如说对课文的死记硬背、利用口诀去记忆书本知识。有意义学习是指当前的学习与已有知识建立起实质性的、有意义的联系。有意识地付出心理努力并需要按照一定规则做出反应的学习。外显学习行为则是受意识的控制、有明确目的、需动用注意资源、要付出努力的学习。

5. 按照学习内容分类

从学习内容来说，我国学者一般把学习分为：知识的学习、技能的学习以及道德品质和行为习惯的学习。

6. 按照学习水平分类

从学习水平来说，加涅提出了八类学习：

（1）信号学习：学习对某种信号做出某种反应。经典性条件反射是一种信号学习。这是一种最简单的学习，其先决条件主要取决于有机体先天的神经组织，即先有刺激，再有行为的一种学习，比如在巴甫洛夫的实验中，一摇铃，狗就流唾液的这种条件反射的建立。

（2）刺激—反应学习：主要指操作性条件作用或工具性条件作用。其中强化在该类学习中起非常关键的作用，即先有反应再有刺激的学习。如开车闯了红灯，交警罚款后就知道不能闯红灯了。

（3）连锁学习：是一系列刺激—反应的联合。个体首先要习得每个刺激—反应联结，并按照特定的顺序反复练习，同时还应接受必要的、及时的强化。

（4）言语联想学习：其实质是连锁学习，只不过它是语言单位的连接，如将单词组合为合乎语法规则的句子。

（5）辨别学习：能识别各种刺激特征的异同并做出相应的不同的反应。它既包括一些简单的辨别，如对不同形状、颜色的物体分别做出不同的反应，也包括复杂的多重辨别，如对相似的、易混淆的单词分别做出正确的反应。

（6）概念学习：对刺激进行分类，并对同类刺激做出相同反应的学习。这种反应是基于事物的某些特征而做出的，如圆的概念和质量的概念的学习。

（7）规则的学习：指了解概念之间的关系、学习概念之间的联合。如对自然科学中的定律、定理的学习。

（8）解决问题的学习：亦称高级规则的学习，指在各种条件下应用规则或规则的组合去解决问题。

（二）学习过程的一般结构

学习的过程是指学习是如何发生的，由不知到知、由知之甚少到知之甚多的过程是如何进行的，或者说学习经验本身是如何得到的。学习过程的结构，是指学习过程的组成因素及各因素之间的关系。

我国古代教育家根据学习活动的全过程，比较全面地总结出了学习过程的七个环节，即立志、博学、审问、慎思、明辨、时习和笃行。

苏联心理学家列昂节夫（Leontiev）根据反射弧的原理，认为一切活动的结构都是由感受作用，同对象环境实际接触的效应过程、借助于输入系统以修正和充实那些起初输入系统等三个基本环节所组成的环状结构系统。学习过程也是一种环状结构，提出学习过程有定向环节，又称感受环节、内导系统或输入系统；行动环节，又称运动环节、执行环节或输出系统；反馈环节，又称返回联系或回归式内导系统。

美国心理学家加涅（2001）曾以学习中的相应心理活动为依据，运用现代信息加工理论和模拟的方法，把学习过程分为八个阶段：动机阶段、了解阶段、获得阶段、保持阶段、回忆阶段、概括阶段、作业阶段和反馈阶段。

（三）学习的生理机制

学习的生理机制是心理学研究的一个重大课题，弄清楚学习的生理机制意味着了解学习过程生理上的特点，有助于改善人学习的质和量，并进一步发掘人类学习的潜能。用于生理学和神经心理学研究的技术手段主要有：脑损伤法、电刺激和化学刺激法、脑电记录法。

1. 巴甫洛夫的神经心理学对学习机制的解释

巴甫洛夫将食物作为非条件刺激，将铃声作为条件刺激，由非条件刺激引起狗分泌唾液的反应称为无条件反应。由于铃声和食物多次同时出现，铃声能单独引起动物分泌唾液，这种反应称为条件反应，从而构成巴甫洛夫条件反射学说的基本内容。这是对学习的生理机制的一种解释。

2. 大脑的定位说

随着动物的进化，与皮层下相联系的大脑皮层在中枢神经系统中愈来愈占据主导地位。动物的行为，特别是学习行为也愈来愈依赖于它的大脑皮层，大脑皮层的功能研究主要集中在额叶、颞叶、海马等一些与较高级的学习活动有关的区域，临床资料表明，额叶皮层不同程度的损伤或切除能在不同程度上影响智力和个性，颞下回与视觉分辨学习有关，海马和近期记忆有关。

三、不同流派的学习理论

联结派学习理论主要有三种学说：桑代克（Thorndike）的试误—联结说，巴甫洛夫、华生的替代—联结说，班杜拉（Bandura）的观察—联结说。

（一）桑代克的"试误—联结"学习理论

桑代克是美国动物心理学的创始人之一，是第一个系统论述教育心理学的心理学家。他所做的工作不仅仅在学习理论方面，也体现在教育实践领域、言语行为、比较心理学、智力测验、先天—后天问题、训练的迁移以及把测量应用于解决社会心理学等方面上。

1. 桑代克关于学习实质的基本观点

桑代克将自己的心理学称为联结主义心理学，他认为学习是情境与反应之间的联结。桑代克的联结理论是根据其动物实验结果提出的，其中最著名的是"饿猫开迷箱"的实验。一只饿猫被关在他专门设计的一个实验迷箱里，箱子的门紧紧关闭，箱子附近放着一条鲜鱼，箱内有一个开门的旋钮，猫碰到这个旋钮打开门，便可以逃出吃到鱼。经多次尝试错误，猫学会了碰旋钮以开箱的行为，根据此实验，桑代克提出了著名的学习的联结理论。桑代克认为，学习的实质是经过试误，在刺激与反应之间形成联结，即形成 S-R 之间的联结。他说："学习即联结，心即人的联结系统。"他认为，学习的形成是情境与反应之间的联结，而不是联想主义的观念之间的联想或联结，联结的形成无须以观念为媒介，人生来就具有许多联结的"原本趋向"，所谓学习，就是在一定情景的影响下，唤起"原本联结"中的一种联结倾向，并使之加强。桑代克认为，刺激与反应是借助与神经连接而联结的。他的理论涉及刺激 S 与反应 R 之间的神经联结，故称为联结论，他的心理学又称为"联结心理学"（Bond Psychology）或简称为"联结主义"（Connectionism）。

桑代克认为学习过程或联结建立的过程是尝试错误的过程。他从饿猫逐次尝试碰旋钮逃出迷箱的学习曲线得出结论，动物的学习是通过尝试错误而逐渐发生的，联结学习的过程是渐进式发生的，联结学习的过程是渐进的"尝试与错误"直至最后成功的过程，而不是通过推理而顿悟的过程。

桑代克根据自己的研究结果，认为学习是直接的联结而不是由思考或推理为媒介而来的，即学习遵循精简原则，而不是推理原则。他深受动物实验的影响，主张学习方面的直接选择和联结，他把动物的行为视为直接对感觉到的情景做出反应，并且将这一结论推广到人类学习，认为动物学习所展现的那种基本机械现象对人类学习也同样适用，尽管桑代克也时常意识到人类学习的复杂性和广阔性，但他很喜欢用简单的学习原则去理解较复杂的学习行为，这样就把人类学习的较简单形式和动物学习形式等同起来了。

2. 桑代克前期关于学习规律的基本观点

桑代克在前期的有关学习过程的研究中，根据大量的动物实验结果，总结出了学习的一些规律，提出了三条主要的学习律和四条从属的学习律。

（1）三条主要的学习律

效果律：是指刺激与反应之间联结加强或减弱受到反应结果的影响。桑代克认为，喜悦的结果加强联结，而厌烦的结果则减弱联结。也就是说，如果一个动作跟随着情境中一个满意的变化，在类似的情境中，这个动作重复的可能性将增加，但如果跟随的是一个不满意的变化，这个动作重复的可能性将减少。

准备律：是指有机体采取行动时，促进其行动就是一项增强，而阻碍其行动则是一种烦恼。当有机体不准备行动时，迫使其行动则成为一种烦恼。

练习律：联结的强度决定于使用联结的频次。一个人学会了的刺激—反应之间的联结，练习和使用得越多，这种联结就越来越得到加强，反之会变弱。练习律由作用律和失用律两部分组成。刺激和反应之间的联结因使用而强化。换句话说，不断地运用刺激情景与反应之间的联结，会强化两者之间的联结，这称为作用律。刺激和反应之间的联结因练习中断或不使用而削弱，称为失用律。

（2）四条从属的学习律

多重反应：是指某反应不能解决问题时，有机体将继续尝试其他的反应，直到找到一个能有效解决问题的反应为止。

心向与态度：是指有机体学习时某种暂时的状态，这种状态（如食物剥夺、疲劳或情绪等）决定什么因素给有机体带来烦恼或愉快。

优势元素：是指环境中不同部分或元素会引起不同的反应与之联结。学习者能有选择地对某个问题或刺激情景中优势的或显著的元素做出反应。

联结转移：是指一个反应在经历了刺激情境中一系列的逐渐变化后仍能保持不变，那么这个反应最后可以对一个全新的刺激起作用。联结转换建立在接近性的基础上，与桑代克的共同元素论有着密切的关系。

（3）桑代克后期对学习律的修正

①放弃了练习律。桑代克经过严格的实验，最后得出结论：只靠重复练习是不能加强联结的，缺乏练习也不见得会有大幅度的减弱联结。

②对效果律的修正。他通过实验发现，他早期提出的效果律只对了一半，即有关获得满意状态的反应会得到加强的一半，而另一半即受到惩罚的反应则几乎不被削弱。据此，他把前期的效果律修正为奖惩的效果不是相等或相反的，在某些条件下，奖励比惩罚更有效。

桑代克对从属的学习律进行修正，主要是增加了效果扩散与相属性两条副律。

效果扩散：是指奖励不仅会增加反应，而且会连带地加强对相似情况的反应。

相属性：是指位置上的接近并不能把材料很好地联结在一起，而学习材料以某种方式加以组织，较容易形成正确的联结。

（二）巴甫洛夫与华生的经典性条件反射学习理论

1.经典性条件反射学习理论的形成过程

经典性条件反射学习理论的形成过程分为两步，第一步是巴甫洛夫发现经典性条件反射，并提出经典性条件反射的原理；第二步是华生将经典条件反射运用于学习领域，将经典条件反射原理发展成为学习理论。

（1）巴甫洛夫经典条件反射。巴甫洛夫著名的狗分泌唾液实验，也就是将铃声和食物结合在一起给予狗刺激，会使狗学会听到铃声就分泌唾液的行为，其中食物是无条件刺激，也就是不管什么情况下，食物都会使狗分泌唾液这种反应是无条件反应；铃声原来是一种中性刺激，铃声和食物在时间上多次结合，原来是中性刺激的铃声就成了条件刺激。铃声和唾液分泌之间就建立了一种新的联系，称为条件反射。在条件反射形成过程中，无条件刺激引起特定的反应是前提条件，即无条件反射是条件反射的基础。

总之，有机体条件反射建立的过程是中性刺激与无条件刺激在时间上相互结合，使中性刺激成为物体受到无条件刺激的信号，从而使中性刺激替代无条件刺激，形成原来只有无条件刺激才能引起的反应，这个过程也是强化的过程，强化的次数越多，所建立的条件反射就越牢固。

（2）华生的经典条件反射。华生将巴甫洛夫的经典性条件反射应用到学习领域，形成了经典性条件反射学习理论。华生提出了经典性条件反射学习理论对于学习实质的基本观点，他认为，有机体的学习就是通过经典性条件反射的建立，形成刺激与反应之间联结的过程。这个见解包括两个方面的含义：A.学习就是形成刺激与反应之间的联系或联结，这是联结派学习理论的基本前提；B.联结的实现过程，是条件刺激与无条件刺激在时空上的结合产生了替代作用，使条件刺激与原来只能由无条件刺激才能引起的反应建立联系，这个过程也是经典条件反射形成的过程。第二方面的含义是经典性条件反射学习理论特有的，因此，该理论也称为"替代—联结"学说。

2. 经典性条件反射学习理论的学习规律

（1）消退律：如果条件刺激出现多次而没有无条件刺激的强化，则已经建立的条件反射将逐渐减弱甚至消失。有趣的是，条件反射的消退带有暂时的性质，在某些情况下，条件反射消失后没多久就自行恢复了，而在另一些情况下，为了达到恢复的目的，就必须再次使用条件反射与无条件反射反复结合的方法或别的方法，不同的条件反射有不同的消退速度。

（2）泛化与分化律：条件反射一旦建立，其他类似最初条件刺激的刺激也可以引起反射，称为泛化。巴甫洛夫在实验过程中发现，有机体在开始时一般都以同样的方式对与原来条件刺激相似的刺激做出反应。在实际学习中，为了避免有机体所形成的条件反射的泛化，需要在条件反射建立过程或建立后进行分化活动，分别向有机体呈现条件刺激和与之类似的无关刺激，对条件刺激给予强化，对无关刺激则不予强化，这样就可以使有机体对条件刺激与相似的无关刺激产生分化，对前者做出反应，对后者不予反应。

（3）频因律：是指在其他条件相等的情况下，某种行为练习得越多，习惯形成就越迅速，练习的次数在习惯形成中起着重要的作用。

（4）近因律：是指当反应频繁发生时，最新近的反应比较早的反应更容易得到加强，也就是说有效的反应总是最后一个反应。

（三）斯金纳的操作性条件反射学习理论

斯金纳（Skinner）是美国心理学家，他的学习理论和教学思想是建立在他对操作性条件反射的实验研究的基础上的。斯金纳以白鼠和鸽子作为实验对象，观察它们在食物的强化作用下，学会压杠杆（白鼠）和啄亮窗（鸽子）等操作性行为的过程，并对强化的机制、原则、类型、方式做了精细的研究，提出了操作性条件反射学习理论和程序教学的思想。

操作性条件反射学习理论主要包括两部分内容：第一是关于学习实质的基本观点，即关于有机体如何获得新的行为经验的观点；第二是关于学习规律的观点，即如何引导有机体获得行为经验的观点，主要是连续接近的方法与强化的设计和安排。

1. 关于学习实质的看法

斯金纳认为，学习是指有机体在某种情景中自发做出的某种行为，由于得到强化而提高了该行为在这种情景中发生的概率，即形成了反应与情境的联系，从而获得了用这种反应应付该情景以寻求强化的行为经验。也就是说，学习是有机体通过操作性条件反射的建立，形成反应与情境刺激的联结，从而获得行为经验的过程。

可见，操作性条件反射学习理论首先也是坚持了联结派学习理论的基本前提，认为学习就是形成情景刺激与反应之间的联系或联结；但是，他认为，主要是由在特定情境中有机体所做的某种行为所产生的结果得到强化而促使联结的建立，这是操作性条件反射学习理论关于联结形成的特有的看法，因此，该理论也可以称为"强化—联结"学说。所谓操作性条件反射，是指有机体在某种情景中自发做出的某种行为，由于得到强化而提高了行为发生的概率，即形成了该反应与情境的联系。

斯金纳认为所有的行为都可以分为两类：应答性行为和操作性行为。应答性行为是由已知的刺激引起的，正如巴甫洛夫的经典条件反射行为，有机体被动地对环境刺激做出反应。而操作性行为则不是，它是指由已知的刺激引起，而是由有机体自身发出的，最初是自发的行为，如吹口哨、站起来、出击、小孩丢掉一个玩具又拿起另一个玩具等等，这些行为由于受到强化而成为在特定情景中随意的或有目的的操作，有机体主动地进行这些操作作用于环境以达到对环境的有效适应。这类行为可以利用安排结果性的（后继的）刺激（斯金纳称之为强化物、强化刺激）而得到巩固和消退。相应地，斯金纳把条件反射也分为两类：应答性条件反射（即经典性条件反射）和反应型条件反射（操作性条件反射）。经典性条件反射是刺激（S）—反应（R）的联结，反应是由刺激引起的，而操作性条件反射则是操作（S）—强化（R）的过程，重要的是跟随操作后的强化（即刺激）。

斯金纳虽然承认有机体一部分行为经验的获得是通过经典性条件反射建立刺激与反应的联结而获得的，但他认为，只有很少的行为经验是通过这种范式获得的。有机体的绝大部分行为经验是通过操作性条件反射建立而获得的。

2. 关于学习规律的观点

（1）连续接近技术

连续接近技术：是指通过不断强化有机体的一系列逐渐接近最终行为的反应来使它逐步形成这种行为。也就是说，实验者有选择地对有机体做出的接近最终行为的各种反应给予强化，而不是等待最终期望的那种行为自然出现后才给予强化。

由于在操作条件反射建立的过程中，有机体的行为是自然产生的，在自身产生的多种行为中，如果对所期待的行为给予强化，就会使行为与情境刺激产生联系。由此可见，操作性条件反射建立也暗含这样的前提，即有机体在情境中会自然地做出实验者期待的准备给予强化的行为。训练动物做出所期待产生要求的反应，是通过强化相继近似行为以达到这一目的的。

（2）强化的设计和安排

① 强化的原理与技术

在学习或训练过程中要使学习者形成特定的反应行为，首先要使学习者做出这种行为，然后给予强化以巩固下来成为固定的反应模式，这是斯金纳根据操作性条件反射学习原理提出的行为塑造过程。强化的原理和技术是关于学习规律的核心观点。

斯金纳认为，行为之所以发生，就是因为强化的作用，形成操作性条件反射的关键就在于强化。强化决定了有机体行为方式的形成和转化的过程，也就是决定了学习的进行和学习效果，合理地控制强化就能达到控制行为、塑造行为的目的。

② 强化的类型

斯金纳认为，强化物是指使行为发生的概率增加或维持某种反应水平的任何刺激，利用强化物诱使某一操作反应的概率增加的过程就叫作强化。强化物每在相应的操作反应之后出现一次，我们就说这一操作反应得到了一次强化。可以看出，强化是针对反应而言的，而不是针对有机体的，其次，强化物并不一定是令人愉快的刺激，强化物的作用只在于提高有机体的某种行为出现的概率。

斯金纳按照强化的性质将它分为正强化和负强化两种类型。

建立操作反应时，在有机体做出一个操作反应后，如果呈现某一后继的刺激物，有机体的操作反应增加，那么该刺激产生的作用称为正强化，该刺激物就是正强化刺激物；建立操作反应时，在有机体做出一个操作反应后，如果撤出某一刺激物，有机体的操作反应概率增加，那么该刺激产生的作用就是负强化，该刺激物就是这一反应的负强化物。呈现正强化物和撤销负强化物都能增加反应的概率，因而这两种情况都是对操作行为的强化，前者称为正强化，后者称为负强化；而撤销正强化物和呈现负强化物都会导致反应概率下降，因而他们是对操作行为进行惩罚的过程。斯金纳认为：正强化和负强化是在人类学习中经常被应用的方法。比如微笑、赞扬、奖品、提供学生喜欢的活动等都可以对教师希望学生学会的某种行为或本领进行正强化，而收回批评、停止打骂、取消学生不感兴趣的额外活动等都是在对上述行为进行负强化。斯金纳认为，负强化和惩罚是两个截然不同的概念，负强化会导致反应概率增高，而惩罚则导致反应概率降低。

③ 强化的安排

斯金纳将强化的间隔时间和频次特征分为两大类，一是连续强化，亦称即时强化，即每一次正确的反应后都给予一次强化；二是间歇强化，亦称延缓强化。间歇强化又可以有两种安排方式：根据反应的次数决定的比例强化安排和根据时间间隔决定的间隔强化安排。在比例强化安排中，可以按固定比例进行强化，比如每 10 次正确反应后给一次强化，也可以是按变化的比例进行强化，比如每 100 次正确反应中随机安排 10 次强化。同样，在间隔安排中也有两种安排：按固定时间间隔进行强化，比如，每次出现正确反应后都隔 10 分钟再给一次强化；按变化时间间隔进行强化，比如，每 60 分钟内随机给 6 次强化。

（3）操作性条件反射学习理论在学校教学中的应用——程序教学理论

斯金纳认为，要达到一个难度较大的行为目的，需要连续接近法，分很小的步子强化，每次强化的难度加大，这样可以由易到难逐步达到目的。为了促进人形成情景与特定行为的联系，必须对行为进行强化。学生要形成教育者希望的行为模式，这个行为一时做不出来，可以采用连续接近法，通过设计好的程序和不断强化形成最终行为目标。教育的行为就是设计好教育的特定步骤的强化，形成教育者所期望的行为模式。

所谓程序教学，是指将各门学科的知识按其中的内在逻辑联系分解为一系列的知识项目，这些知识项目之间前后衔接，逐渐加深，然后让学生按照知识项目的顺序逐个学习每一项知识，伴随每个知识项目的学习，及时给予反馈和强化，使学生最终能够掌握所学的知识，达到预定的教学目的。可见，精心设置知识项目序列和强化程序是程序教学是否成功的关键。

（四）观察学习与班杜拉的社会学习理论

心理学家班杜拉是观察理论的集大成者，他主要关注人的学习，尤其是社会行为的学习。他根据自己所进行的一系列经典研究，提出了以观察学习为基础的社会学习理论，将联结派的学习理论进一步向前推进。

1. 观察学习的定义及其过程

观察学习是个体以旁观者的身份，观察别人的行为表现即可获得的学习。在某些情景下，只根据观察别人的直接经验的后果，就可以在间接学习中学到某种行为，这种学习也称为替代学习。班杜拉曾经提出，所有来自直接经验的学习对象，都能出现这样一个替代性基础，就是通过对别人行为的观察，观察者本身就能表现这种行为的结果。

根据社会学习理论的观点，人类的大多数行为是通过榜样作用而习得的：个体通过观察他人的行为会形成怎样从事某些新行为的观念，之后，会用这种编码信息指导行动。因此，观察者获得的实质上是榜样活动的符号表征，并以此作为以后适当行为表现的指南。班杜拉认为，观察学习包含四个子过程：

（1）注意过程：注意过程决定了个体在众多榜样作用影响时，有选择地观察哪些方面。观察者首先必须注意到榜样行为的明显特征，否则就不能习得这一行为。影响学习者注意的决定因素有多种：榜样作用的刺激方面有独特性、情感诱发力、复杂性、功能价值性等。

（2）保持过程：经过注意阶段，观察者通常以符号的形式把榜样表现出的行为保持在长时记忆中。班杜拉认为，保持过程主要依存于两个系统，一个是表象系统，另一个是言语编码系统。

（3）动作再现过程：它是把符号的表象转换成适当的行为。一般而言，学习者是通过按照榜样的行为方式组织自己的反应而完成行为再现的。可以把行为实施分解为：对反应的认知组织；反应的发起；对反应的监控；以及根据信息反馈矫正反应。

（4）动机过程：社会学习理论对行为的习得和表现做了区分，习得的行为不一定都表现出来，学习者是否表现出已习得的行为，会受到强化的影响。首先是外部强化，如果按照榜样行为导致有价值的结果，而不具有无奖励或惩罚的结果，人们便倾向于表现这种行为，这是外部强化。其次是替代性强化，所谓替代性强化是指观察者因看到榜样受强化而受到的强化。观察到的榜样行为的后果，与自己直接体验到别人的行为受到奖励，就会倾向于表现出这种行为；反之，如果观察到他人的行为受到惩罚，就会倾向于抑制这种行为的表现。最后是自我强化，学习者对自己做出所观察的行为产生的自我评价，也会影响对这个行为的表现，一般来说，人们倾向于做出感到自我满足的反应，而拒绝做出自己不赞成的行为。

2. 学习的实质

班杜拉的社会学习理论关于学习实质问题的基本看法就是，学习是个体通过对他人的行为极具强化性结果的观察，从而获得某些新的行为反应，或已有的行为反应得到修正的过程。从这里可以看出，班杜拉的社会学习理论将学习看成是形成新的行为反应的过程，在这个问题上基本与典型的联结派学习理论是一致的。班杜拉提出，观察学习实现过程与经典性条件反射或操作性条件反射的学习实现过程不同，在观察学习过程中，学习者不一定具有外显的操作反应，也不依赖于直接强化，因此他必然要重视观察学习中的认知因素，他认为，个体通过观察运用符号系统对新的行为方式进行编码，获得榜样活动的符号表征，之后运用这些编码信息指导行动，这就是观察学习的实现过程。

3. 榜样因素对学习过程的影响

在观察学习中，个体所观察情境中某个人或团体行为学习的历程称为模仿，模仿的对象就称为榜样。

班杜拉认为，模仿有四种不同的方式：（1）直接模仿，即最简单的模仿学习方式；（2）综合模仿，较复杂的模仿学习方式；（3）象征模仿，指学习者对楷模人物所模仿的不是具体行为，而是其性格或行为的意义；（4）抽象模仿，指学习者通过观察所学到的是抽象的原则，而不是具体的行为。

4. 强化对学习过程的影响

班杜拉认为，传统的强化只来自外部强化，而社会学习理论的强化除了外部强化外，还包括替代强化和自我强化。替代强化是指通过对他人的行为受到奖惩的观察而相应地调整自己的行为过程，一般来说，观察者更易于表现出受到奖励的行为而抑制受到惩罚的行为；自我强化就是根据自己设立的一些行为标准，以自我奖惩的方式对自己的行为进行调节。自我强化是人类特有的现象。

班杜拉认为，强化不是提高行为出现概率的直接原因，强化在学习中的重要作用在于它能够激发和维持行为动机以控制和调节人的行为，这种作用是人在认知了行为和强化之间的依存关系后产生的对下一步强化的期待。班杜拉把期待区分为两种：结果期待和效能期待。结果期待是指人对自己的某个行为会导致某一结果（强化）的推测，如果人预测到某一特定行为将会有特定的结果（强化），那么这种行为就可能被激活和受到选择。效能期待，亦称自我效能感，是指人对自己能够进行某一行为的实施能力的推测或判断,即对自己行为能力的主观推断。它意味着人是否确信自己能够成功地进行带来某一结果的行为。当人们确信自己有能力进行某一活动时,他就会产生高度的自我效能感,并进行那一项活动。人们一般是在预测到某一活动的好结果及自己有能力去完成这一项活动时,才努力去进行这项活动。

(五)格式塔的完形学习理论

格式塔学派以现象学为理论基础,认为心理现象的基本特征是在意识经验中所显现的结构性和整体性,反对构造心理学的元素主义和行为主义所提出的刺激—反应理论。

关于学习理论的基本观点,格式塔心理学家认为,学习并非形成刺激—反应的联结,而是通过主动积极的组织作用形成与情景一致的新的完形;学习过程中的解决问题,是学习者通过对情景中的事物关系的理解而构成的一种完形;无论是运动的学习、感觉的学习,还是观念的学习,都在于形成一种完形。

他们认为,环境是一个不断变动的"形",与之相应,有机体头脑里存在着与环境相对应的一个"同形",这样有机体能与环境保持平衡。有机体周围的情景发生变化时,有机体头脑中的完形就会出现缺口。这种情况下,有机体就会重新组织知觉,通过这种组织作用,弥补缺口,产生与这个新情景一致的新的完形,也就是获得了新的经验。有机体的这种组织活动就是学习,因此,学习的实质是组织和完形作用。一个人学到了些什么,直接来源于他对问题情境的知觉,如果一个人不能辨别出各种事物之间的联系,他就不能学习;学习通常是从一种混沌的模糊状态变成一种有意义的、有结构的状态,这就是知觉重组的过程;知觉重组是学习的核心,学习并不是把以往所有的无意义的事情任意地联结在一起,而是强调要认清事物的内在联系、结构和性质。

（六）托尔曼的符号学习理论

托尔曼（Tolman）是新行为主义的代表人物之一，主张心理学的研究对象应该是有机体的行为。与华生不同，托尔曼把行为区分为分子行为和整体行为，认为声、光等刺激所引起的肌肉收缩和腺体分泌反应是分子行为，而动物在复杂实验情景中的走迷津，以及儿童上学、打球等活动则是整体行为，认为"指向一定的目的"是整体性行为的首要特征。有机体的行为总是设法获得某些事物和避免某些事物，对行为最重要的描述在于说明有机体正在做什么，目的是什么和指向何处。

1. 学习的实质

托尔曼认为，根据潜在学习实验结果，学习并不是在强化条件下形成"S-R"的联结，有机体在没有受到强化时已经发生学习，因此"S-R"不是学习的结果，真正的学习结果是形成"认知地图"，它是对局部环境的认识，不仅包括事件的简单顺序，而且包括方向、距离甚至是时间关系的信息，是对情景整体的领悟，在头脑中产生某些类似于一张关于现场地形的地图，它使有机体在环境中的活动不受身体运动的约束。这种认知地图的形成就是学习的过程。有机体在达到目的的过程中，根据预期进行尝试，不断对周围环境进行认知，学习达到目的的"符号"及其代表的意义，形成"目标—对象—手段"三者联系在一起的认知结构，即形成认知地图。

2. 学习定律

托尔曼认为有三种学习定律：第一，能力律，涉及学习者的特性、能力倾向和性格特点，这些决定着学习者能够成功掌握的任务与情境类型。第二，刺激律，涉及材料本身所固有的条件，其各个部分的属性及其对领悟解决的帮助。第三，涉及材料呈现方式的定律，如呈现的频率、练习的分布、奖励的运用。

（七）布鲁纳的认知—发现学习理论

布鲁纳（Bruner）是美国当代著名认知心理学家和教育心理学家。布鲁纳反对以 S-R 联结和对动物的行为习得的研究结果来解释人类的学习活动，而是把研究重点放在学生获得知识的内部认知过程和教师如何组织课堂教学以促进学生"发现"知识的问题上。

1. 学习过程论

布鲁纳认为学习包括新知识的获得、知识的转换和对知识的评价三种"几乎同时发生的过程"。其中，知识的转换是指学习者处理知识，使它们适用于解决新任务的过程。对知识的评价是指核对一下处理知识的方法是否适合新任务。布鲁纳认为，任何一门课程的学习都包含着一连串的情节（episode），每一小节的内容学习都涉及获得、转换和评价三个过程，学习情节运用得最好时，可以反映已经学过的东西，而且可以举一反三，超越前面的学习。

2. 认知阶段论

布鲁纳将人类对其环境中的事物，经知觉而转换为内在心理事件的过程称为认知表征。它有以下三个发展阶段。第一，动作表征，指依靠动作来获取知识。他认为儿童是凭借自己的认知结构去把握、再现事物表象的，儿童最初的认知结构是动作表象。如幼儿经由"坐"的动作了解椅子的意义，经过手摸和口尝的动作了解冷热的感觉。此种认知方式最早出现在幼儿时期，但却会一直延续使用，如学习游泳、打球、弹琴等。第二，形象表征，指经由对物体的知觉留在记忆中的印象或靠照片图形等获得知识。第三，符号表征，指按照逻辑思维去推理周围的事物，不必再靠动作和图像的帮助，而直接运用符号、语言文字为依据的求知方式，如数、理、化等科目，必须借助符号。

3. 学习动机论

布鲁纳在学习动机问题上，反对奖赏或竞争等外在的作用，主张激发学生的学习兴趣，调动学生学习的内在动机。他认为，强调外在动机的条件反应强化理论都来源于对动物的实验研究，只能说明人类学习中比较低级的学习，而对人类的高级学习则无效。布鲁纳把内在动机分为四种：一是好奇心，二是上进需要，三是自居作用，四是伙伴间的相互作用。布鲁纳认为，学生具有强烈的学习集体所具有的行为方式、思想方式、价值观的需要。因此，求得文化方式的一致是一个受儿童学习需要所驱使的诱因。

4. 发现学习论

发现学习是指学生在学习情境中经由自己的探索寻找，从而获得问题答案的一种学习方式。是指让学习者自己去发现教材的结构、结论和规律的学习。不过，布鲁纳对发现的界定是宽泛的，认为它不仅包括人们探索未知的行为，还包括用自己的头脑亲自获得知识的一切形式，他认为发现学习，第一，有助于开发和利用学习者的智慧潜力。学习者在亲自参与发现活动时，他就会主动地按照一种促使信息更迅速地用于解决问题的方法去获得信息。第二，发现学习有利于调动学习者的内部动机，因为发现学习是以自我奖赏来进行的学习活动。第三，发现学习有利于学习者学会探索的方法，学习者越有实践经验就越能把学习所得归纳成一种解决问题或者调查研究的方法。第四，发现学习还有利于记忆保持。

（八）奥苏贝尔的接受——同化学习理论

奥苏贝尔认为，学生的学习主要是有意义的接受学习，是通过同化，将当前的知识与原来的认知结构建立实质的、非人为的联系，使知识结构不断发展的过程。学习的进行应该是通过接受，而不是像布鲁纳所说的发现，教师应把有组织、有顺序的结论性材料提供给学生，从而让学生接受最有用的材料。另外，奥苏贝尔还对认知结构的形成与发展，对个体学习和解决问题能力的提高，对学习的类型以及教学的主要原则等问题进行了深入探讨。

1. 有意义的接受学习

奥苏贝尔根据学生进行学习的方式，把学生的学习分为接受学习和发现学习。他认为，学习应该是通过接受而发生，而不是通过发现。教师给学生提供的材料应该是经过仔细考虑的、有组织的、有序列的完整形式，因此学生接受的是最有用的材料，学习的主要内容是以定型的形式呈现给学习者的。对学习者来说，学习不包括任何发现，只要求他把学习材料内化并与其已形成的认知结构联系起来,以实现对这种学习材料的掌握。而发现学习,是在教师不加讲述的情况下,学生依靠自己的能力去获得新知识,寻求解决问题方法的一种学习方式,发现学习依靠学习者的独立发现。与布鲁纳强调发现学习相反,奥苏贝尔更强调接受学习。

根据学习过程的性质,又把学习分为机械学习与有意义的学习。机械学习,即不加理解、反复背诵的学习,亦即对学习材料只进行机械识记;有意义的学习,指的则是语言文字或者符号所表述的新知识能够与学习者认知结构中已有的旧知识建立一种实质的、非人为的联系。有意义的学习需具备两个条件:学生要具有有意义学习的心向,即把新知识与认知结构中原有的适当观念关联起来的意向;学习材料对学习具有潜在意义,即学习材料具有逻辑意义,并可以和学生认知结构中的有关观念联系起来。这两个条件缺一不可,否则会导致机械学习。

2.逐渐分化、综合贯通的学习原则和"先行组织者"的学习策略

知识学习的逐渐分化原则是指知识在头脑中组成一个有层次的结构,即具有概括性的观念处于结构的顶点,它下面是包摄范围较小的和越来越分化的命题、概念和具体知识。综合贯通主要是指在横向上的融会贯通。先行组织者是贯彻"逐渐分化"和"综合贯通"的具体策略。所谓"先行组织者",是指先于学习任务本身呈现的一种引导性材料,它在概括与包容的水平上高于学习的新材料,但以学习者易懂的通俗语言呈现,并且能清晰地反映认知结构中原有的观念和新的学习任务。设计先行组织者的目的是为新学习的任务提供观念上的固定点,增加新旧知识之间的可辨别性,以促进新的学习。

奥苏贝尔主张学习应该通过演绎的过程,即从一般到特殊,布鲁纳则主张由特殊发现一般。奥苏贝尔认为人们得到的概念原理等是由别人提供给他们的,而不是他们自己发现的,越是组织得好、有意义,他们学得越好,而死记硬背是最无效的学习策略。

3.有意义学习的条件

奥苏贝尔进一步提出,进行有意义学习必须具备三个前提条件:(1)学

习者、材料本身必须具备逻辑意义；（2）学习者必须具备有意义学习的心向；（3）学习者的认知结构中必须有同化新知识的原有的适当观念。

四、学习动机及激发

所谓动机，是心理学家用以描述那些引起、维持并指导人类行为原因的术语。在某种意义上，动机可称为人类行为的原动力。一般而言，学习动机反映着个人的某些需要和追求，通常表现为渴求学习的强烈愿望、浓厚的求知欲望、认识世界的兴趣、探求事物的好奇心、主动认真的学习态度以及高涨的学习积极性等等，学习动机对学生的学习活动具有引发和导向作用。

大量的心理学研究发现，学习动机具有各种不同的内容。例如，为了让父母满意，或为了得到老师的夸赞，或为了获得三好学生的荣誉称号，或为了避免遭到父母、老师或他人的责难与惩罚，或为了集体荣誉、个人生计等，这是一类动机内容。除此之外，还有一类动机，诸如被某种学习活动或学习内容所吸引，对某个领域的知识有浓厚的兴趣，对探究、理解、揭示某种事物有强烈好奇心，积极和消极的自我概念，以及试图充分地实现自己的潜能，等等。

学生的学习动机复杂多样，我们可以将这些动机简单归为：外在动机与内在动机。外在动机指由学生以外的其他人提出并加给学生的动机，由这类动机所引发的活动只是满足该动机的手段。内在动机则是指学生本人的动机，这种动机由学生自行产生，它所引发的活动就是学习者追求的目的。大量的研究证实，通常在小学生及初中生中，外在动机占有主导地位，他们的动机常常是为了"得到好分数""让父母高兴"，但是有些也是"对某个学科感兴趣""想知道为什么"等内在动机。在高中生及大学生中，内在动机占主导地位，这些与他们的人格成熟、独立有很大关系。

内在动机在教育中具有重大的意义与价值。这是因为由内在动机引发的活动，持续较为长久，容易形成某种学习模式，当然，这并不意味着外在动机没有多大意义与价值。对于缺乏热情的学生，利用奖惩手段引导他们的外加动机，就可以有效地促进他们的学习。此外，即使学生具有一定的内在学习动机，但是缺乏家长与教师的支持，他们的内在动机也会逐渐地消失，最后失去学习的热情。由此可见，在教育中，适当地交替利用外在动机与内在动机，才是促进学生学习活动的良策。

五、智障生的学习障碍点和应对策略

（一）智障生的学习障碍点

1. 认知特点

（1）缺乏统整能力：没法把一件事完全统整，因此，他们所了解的事情都是一部分、一部分的，且每个部分皆独立。

（2）短期记忆拙劣：短期记忆是认识事物之后立即记住的能力，短期记忆加强后会转变为长期记忆。短期记忆差的原因是脑部对信息处理的速度太慢。

（3）后设认知与抽象思维障碍：后设认知就是做完一件事情后，事后自己回忆、监督、检讨、改进。智能障碍的孩子缺乏这方面的能力，缺乏的原因正是孩子短期记忆的拙劣，刚做过的事马上就忘掉了，因此，没有办法对自己刚完成的行为进行事后检讨、改进。

智力障碍的孩子抽象思维能力差，事实上，中重度智力障碍的孩子连抽象思维都没有，因为抽象思维需要脑神经发展至相当高的程度。

（4）序列处理优于平行处理：序列处理是按部就班，依时间序列一步一步地处理事物，平行处理是一段时间内同时处理好多事情。我们教导孩子时，应尽可能用序列性的交代，让孩子一步一步地完成事情。

（5）缺乏辨认的能力：孩子分辨同一事件在不同环境及情景下的区别的能力不足。表现为孩子常分不清楚什么时候可以做这件事，什么时候不可以做这件事。

（6）注意力的缺陷：我们常认为智能障碍者的注意力过度分散，其实这是以教师、家长的立场来看，就孩子本身而言，当发现了生活中自己感兴趣的事物时，他的注意力是非常集中的。

2. 人格特点

（1）自我中心倾向：自我中心就是认为别人所想的跟自己一样。智能障碍的孩子因发展的限制，所以一直处在自我中心期里。

（2）依赖倾向：智能障碍者常有依赖他人的倾向，家长、师长应避免孩子的过分依赖。

3. 行为模式

（1）直接行为

例如，当前面有障碍物时，一般人会绕道，智能障碍的孩子会把障碍物推开，是人就把人推开，是东西就把东西推开。这种直接的行为常会被家人、老师解释为攻击、破坏行为，其实孩子被误解了，他只是想到达他的目的地，而不巧的是，通往目的地的路上有障碍物，仅此而已。

（2）非整体的行为

智能障碍的孩子做事时常常没有主题，找不到中心，他只注意事物的某个部分。例如，走在路上看到吸引他的东西就走过去，所以在街上常会迷路、走错地方。

4. 家庭教养环境

在孩子的发展阶段中，大人常因不了解孩子而使用错误的教养方法，因而导致孩子问题行为的发生，甚至导致孩子发展停滞的现象。

（二）应对策略

对学习心理偏差、失调或已成为障碍的学生必须有针对性地实施心理辅导，辅导方法需因人因时因地因事而异。

激励方法。激励法可分为目标激励、情感激励、榜样激励和教师行为激励。从近期开始，一步步向中期远期前进。起点低容易做到，以情感沟通鼓励作为手段。

认知矫正法。小学生的人生观、世界观尚未完全确立，对社会上的人与事处于懵懂的状态，认识上具有很大的片面性，行为上有盲目性，需通过辅导者耐心引导来帮助他们提高认知水平，改变原有的、片面幼稚甚至错误的看法，通过理性的思考矫正学习心理偏差，消除障碍。

行为矫正法。人们的行为是后天习得的，不良行为通常是在不利的环境条件下不适当的学习结果。如果改变不良的环境条件，采取一些强化训练的治疗措施，可能会矫正人的不良或不正常的行为，达到适应环境的目的。在具体操作中要注意学生的两个心理期待。一是情感期待，小学生心理比较脆弱，特别是有心身障碍的学生，有希望被老师理解的强烈愿望，老师如果能对他们多一些尊重、关心和理解，他们情感上的期待就会得到满足，就更容易沟通。二是评价期待，有身心障碍的学生在学习和其他行为能力上不如普通同学，老师要对他们进行合乎实际的综合评价，这样才能有助于学生的身心发展。

改变行为的方法通常有以下几种。

强化：利用积极或消极的强化方法，培养良好行为，消除不良行为。积极强化是正强化，学生总是求上进的，发现学习心理有障碍的学生稍有一点进步，就加以适当的鼓励和赞美，来肯定他们取得的进步。运用批评惩罚的负强化是消极的强化，要考虑学生的心理承受能力，与人为善，注意弄清事实，不说过分的话。

暗示：是指在无对抗态度条件下，用含蓄、间接或不明显的方式向学生发出某种信息。学生感知信息后产生顺从的心理和行为的附和，产生与暗示者期望相一致的结果。暗示的方式较多，效果也很好。在课堂教学与作业过程中都可以用暗示的方法使学生的心理或行为得到调整。

榜样示范：是由辅导教师示范正确行为或将同学正确的行为作为榜样，以供需矫正心理障碍的学生模仿学习。对于有波动、依赖、厌学等障碍的学生来说，自我调控能力不强，情绪不够稳定，需有正确的示范作为参照，成为稳定情绪的向导，促使其改变不良行为，养成良好的学习习惯。

自信的训练：通过帮助学生不断增强学习信心，以此达到矫正学习不良行为的一种心理治疗方法。第一，帮学生找出学习上的不良行为；第二，让他自立塑造应有的正确行为，自主定个参照榜样；第三，订出近期努力计划，用新的学习态度与方法去实施；第四，定期自我评估，再建立新的行为目标，循序渐进。

六、学习心理辅导主题心理健康教育实践

第5课　我会听指令

【教师寄语】

用耳朵聆听，用眼睛观察，用行动去证明自己是最棒的！同学们，让我们学会听指令，做一个听话的好孩子。

【教学对象】

小学一、二年级轻、中度智障生。

【学习目标】

1. 在游戏中体验按指令活动的快乐。

2. 学会听口令玩游戏，锻炼反应能力和倾听能力。

3. 培养注意倾听的态度和习惯。

【课堂约定】

1. 认真倾听他人，不随意打断他人。

2. 积极响应老师的指令，如"小眼睛，看老师"，同学们的眼睛就要看向老师，保持专注。

3. 小板凳，坐端正。不随意走动，在自己的座位上坐好。

4. 参与游戏之前，要认真听老师讲规则，保持专注。

【资源准备】

1. 上课铃声的音频。

2. 蚂蚁搬豆游戏用的道具（海洋球若干、蚂蚁洞、软垫）。

【教学流程】

一、活动导入：听听上课音乐铃声

（一）引发倾听兴趣。播放学校的上课音乐铃声。设问：听听是什么声音？你是用什么来听的？主要是突出耳朵能听的主题，然后进一步拓展：听得清楚，听得完整，游戏会玩得开心。

（二）听到上课音乐铃声后同学们应该怎么做呢？然后告诉学生听到上课铃声应该回到座位上坐好。

（三）教师小结：我们要学会用小耳朵倾听，听清楚指令后要做出反应。

二、主题活动一：指令听听看（精细动作）

（一）脸部动作

1. 翘起嘴巴，做只小猪。

2. 捏下鼻子，做只狐狸。

3. 眼睛眨一眨，做只调皮的小猴子。一开始语速可以慢一些，接下来可以快一些并变换指令，例如，"拉拉小耳朵，捏捏小鼻子，梳梳黑头发，拍拍小嘴巴"。

小结：玩得开心吗？为什么开心？因为你们听得仔细做得对。老师念儿歌："小耳朵，真正灵，听得清，做得对，我们玩得真开心。"

（二）手指动作

1. 变把手枪"嗒嗒嗒"。

2. 变个相机"咔嚓，咔嚓"。

3. 变把小榔头，修修小椅子，"叮咚，叮咚"。

小结：小耳朵，真正灵，听得清，做得对，我们玩得真开心。

三、主题活动二：指令听听看（粗大动作）

1. 站起来，转个圈。

2. 做只母鸡，拍拍翅膀，下个蛋。

3. 做只青蛙，呱呱跳，去抓花蝴蝶。

4. 打鼓，敲锣，吹喇叭，放鞭炮。

说明：要求听完指令，并把每一个指令用动作表现出来，教师可以示范，若实际情况有需要，指令可以反复。用儿歌小结，并引导学生跟着念。

四、拓展活动：勤劳的小动物

（一）小兔子捡落叶

教师先念儿歌，例如，小兔子，蹦蹦跳，跳到树下捡树叶，一只小兔捡一片，小兔子们捡了许多树叶。

说明：孩子捡了树叶以后，教师可检查一下是否每个孩子捡的是 1 片树叶，看看学生是否认真按照指令完成。

（二）小蚂蚁搬豆

可以布置场景，有草地，有"蚂蚁洞"，有房子等。

听指令做动作 1. 小蚂蚁，快快爬。2. 小蚂蚁，慢慢爬。3. 小蚂蚁，去搬豆，一只蚂蚁搬一粒，搬进洞里放放好。

五、课后作业

回家后让爸爸妈妈发出指令，自己按照指令完成动作。

【课外拓展】

指令游戏

道具准备：小鼓或摇铃，较大场地，周围最好画有直线。

游戏目标：指令执行的快速反应——行为或停止行为。

操作方法：小朋友沿着直线走，教师慢节奏敲小鼓，语言辅助"走一走"，小朋友走走；教师慢节奏敲小鼓，语言辅助"跑一跑"，小朋友跑；"敲"这个动作一下停下来，教师语言辅助"停"，小朋友也停下来，站在原地。逐渐撤销语言辅助，直接听小鼓节奏来调整自己的运动方式。

第6课　我能按时学习

【教师寄语】

时间就像沙漏，珍惜时间，是我们一生都需要学习的课题。

【教学对象】

小学一、二年级轻、中度智障生。

【学习目标】

1. 能够做到按时学习。

2. 合理安排学习时间。

3. 认识到时间的宝贵，明白做事拖拉是坏习惯。

【课堂约定】

1. 参与游戏之前要认真听老师讲规则，保持专注的状态。

2. 爱护课堂学习用具，不破坏课堂上使用的游戏道具，不将其据为己有。

【资源准备】

1. 长纸条若干、涂色卡、画笔。

2. 用希沃软件准备一分钟的倒计时。

3. "小猴子等明天"视频。

【教学流程】

一、活动导入：《做事不拖拉》儿歌

同学们一起听一听，说说这个儿歌讲的是什么。
小闹钟，丁零零，要我珍惜每分钟。
做事情，不拖拉，良好习惯早养成。

二、主题活动一：撕纸人生

（一）教师拿出一张纸，假如这条白纸就是我们的一生。老师在白纸上写了四个字——我的一生。如果十岁为一格，这张纸代表八十岁，要折几格呢？（引导学生将纸折成八格）

（二）同学们今年大约是7岁—8岁，请同学们先撕掉大半格纸条，这就是我们现在已经用掉的时间。已经过去的时光不属于我们，你们想想看，还有什么也是我们不能有效利用的？

德国科学杂志曾经做过一个细致的统计。一个人如果能活80岁的话，大概有24年的时间在睡觉中度过，请同学们撕去两格多一点点。近5年的时间是在吃饭中流逝的，请撕去半格。大概有10年时间在玩电脑、玩手机中度过，请撕去一格。近5年的时间在交通工具上度过，撕去半格。女生长大后化妆、纠结穿什么衣服，要花1年的时间，请女生撕去一点点。

原本这么长的纸，撕掉一些必须花的时间后，只剩下很短的时间供我们支配；人生很长，但真正能被我们有效利用的时间其实很短，我们应该好好珍惜时间。

三、主题活动二：时间沙漏

今天老师准备了一个一分钟的时间沙漏，还给同学们准备了纸和笔，

小学智障生心理发展与心理健康教育

同学们可以拿笔在涂色卡上涂色，当时间沙漏漏完时，老师就会喊停，同学们看看一分钟能涂多少地方。

通过一分钟的涂色，我们知道了，一分钟的时间真的很短，我们能够做的事情不多，那现在我们再看看，我们大概需要用多少个一分钟，才能完成我们的涂色任务，请同学们继续涂色。

小结：一分钟很短，但是我们只要珍惜每一分钟去学习，认真去实现自己的任务，很多个一分钟堆叠起来，我们就能够完成自己要完成的任务。

四、拓展活动："小猴子等明天"视频

通过观看"小猴子等明天"的视频，让学生能够明白时间的重要性，知道做事不要拖拉，学会珍惜时间，利用好时间好好学习。

五、课后作业

和家长一起完成一份每日计划表。

【课外拓展】

第7课　学习困难我不怕

【教师寄语】

我们在生活中都会遇到各种各样的困难，无论是学习上，还是生活上，我们都要勇敢不害怕，积极面对困难，勇于挑战！

【教学对象】

小学一、二年级轻、中度智障生。

【学习目标】

1. 认识自己在学习方面存在哪些困难，在老师的辅助下正确分析产生困难的原因。

2. 在老师的鼓励下敢于向困难挑战。

【课堂约定】

1. 认真倾听，不随意打断他人发言。

2. 有需求时举手表达，勇敢说出自己的想法。

3. 不随意批评他人的观点，用掌声对他人的发言表示鼓励。

【资源准备】

1. 白色卡纸。

2. 儿歌《困难我不怕》的音频。

【教学流程】

一、活动导入：学习困难有哪些

同学们，我们的生活丰富多彩，但有时也会碰到各种各样的困难。在学习上，你都碰到过哪些困难呢？（鼓励学生大胆发言，实事求是地说，教师根据发言进行总结）

1. 课堂上老师讲的内容没有听明白，下课后又想去玩，结果一到做家庭作业时就不知道怎么做。

2. 放学后看到别人打篮球，自己也忍不住去打，结果作业没做完，受到老师的批评。

3. 早上很想早点儿到校读书，可总是起不来。

二、主题活动一：说说"她"该怎么办

（一）播放视频：面对学习中的困难，我们应该怎么做呢？先来看看女孩雯雯的故事吧！

视频内容：数学科代表雯雯在上数学课时，一心想着自己的课外书，就偷偷地看起来。下课后，老师布置了数学作业，可她怎么也做不出来。同学交了作业之后，她偷偷拿了一本抄起来，被同学发现了并把这件事告诉了老师，老师很生气，就取消了她当科代表的资格。从此，她一到数学课就不认真听讲，数学作业上的叉号越来越多，她很苦恼。

（二）讨论：请大家帮一帮雯雯，她该怎么办？（引导学生分析雯雯苦恼的根本原因，对症下药，找到解决问题的根本办法）

（三）表演：请同学们进行角色扮演，找到帮助雯雯的办法。

（四）想一想：雯雯的故事，让你想到了什么？

三、主题活动二：独立解决问题

1. 师：同学们给雯雯出了不少好主意，还教会了她遇到困难要冷静地思考，找到解决问题的最好办法。现在请同学们回忆一下，你们自己在学习中遇到的困难，我们一起想想该怎么办。

2. 在老师的引导下进行分享和交流。

3. 把写有"学习困难"的白纸放在文具盒里，看自己用多长时间能克服困难。

四、拓展活动：跟唱儿歌《困难我不怕》

我是坚强的好宝宝，

困难我不怕。

勇敢坚持我最棒，

努力努力想办法。

困难困难不怕啦，不怕不怕不怕啦。

困难困难不怕啦，不怕不怕不怕啦。

我是坚强的好宝宝，

困难我不怕。

勇敢坚持我最棒，

努力努力想办法。

困难困难不怕啦，不怕不怕不怕啦。

困难困难不怕啦，不怕不怕不怕啦。

五、课后作业

和父母一同完成"克服困难我能行"图卡。

【课外拓展】

| 学习上有什么困难？ | 如何解决？ |

第8课　爱读书　会读书

【教师寄语】

苏联著名文学家高尔基说过："书籍是人类进步的阶梯。"书籍是我们的精神食粮，希望同学们能够认真感受读书的快乐。

【教学对象】

小学一、二年级轻、中度智障生。

【学习目标】

1. 通过活动，让学生明白书是知识的源泉。
2. 知道读书的时候应该注意什么。
3. 感受读书给我们带来的无限快乐。

【课堂约定】

1. 认真倾听，不随意打断他人发言。
2. 有需求时举手表达，勇敢地说出自己的想法。
3. 不随意批评他人的观点，用掌声对他人的发言表示鼓励。

【资源准备】

字卡。

【教学流程】

一、活动导入：谈话导入

1. 展示书籍，提出问题：同学们，请问这是什么？
（学生回答）
师：同学们都知道了，这是书，从小到大，我们见过不少书，书籍让我们成为一个讲文明、懂礼貌的孩子，那么同学们是否知道，伴随我们成长的书籍是从哪里来的呢？

2.播放"书从哪里来"的小视频。

二、主题活动一：书中有什么？

接下来，老师将和同学们一起做一个游戏，请同学们一起来做一个归类小游戏，我们一起看看书里面到底有什么。

（提前准备好字卡，让学生进行归类游戏。）

三、主题活动二：读书的意义

1.引导学生明确读书的重要性。

同学们，人不读书，就像一艘精美的船没有罗盘，尽管它每天都行驶在海上，但却没有方向，找不到自己真正想去的目标。经常读书的人，能从书本中学到很多的知识，能从书本中找到自己的方向，看到世界各地的风景，知道各种各样的知识。

2.师：读书这么重要，那我们应该怎样读书呢？

（1）定向阅读。定向阅读是指我们读书时要有针对性地阅读，知道我们要读什么书。

（2）选择阅读。选择阅读是指我们要善于选择适合我们读的书籍，不要盲目阅读。

（3）时间巧安排。我们在阅读的时候要充分利用生活中的碎片时间，巧妙地安排时间。

四、拓展活动：读书的时候应该注意什么

1.读书的时候应该注意什么。

（1）学会选择适合自己的书籍。

（2）坚持每天安排一段时间看书。

（3）能自己选择较好的环境。如不能在车上、床上等地方看书。

（4）能爱护书籍。如不在书上乱涂乱画，尽量使用书签，不乱丢书。

（5）做任何事情都要劳逸结合，再好的书也不能一直看，看一会儿就休息休息，要注意用眼卫生。

2. 观看"孩子看书时需要注意什么问题"小视频。

五、课后作业

和爸妈一起去书店挑选一本自己喜欢的书，并进行阅读。

【课外拓展】

制作小书签

1. 准备好两张纸，一把剪刀和一个胶棒。

2. 先将纸沿着中线和对角线对折，将纸张按照折痕折成正方形，然后将外侧的两个角向下折，再折进去。

3. 在另一张纸上画出椭圆形的长条，用剪刀剪下做书签的手和耳朵，用胶棒粘在书签上。

4. 再用纸剪出一个心形和椭圆形，分别粘在书签上，用笔画出勾勒线，勾勒出眼睛、鼻子即可。

团体辅导第3课　正确面对学习困难

【活动目的】

通过团体心理辅导活动，使学生了解在学习中遇到困难时应该如何调整，在活动中学会解决学习困难的方法。

【辅导重点】

希望通过活动让学生学会以正确的态度面对学习中遇到的困难，明白困难只是暂时的，只要找对方法，问题总会得到解决。

第二部分 学习心理辅导与小学智障生的学习

【辅导对象】

小学一、二年级轻、中度智障学生。

【活动时长】

1课时。

【辅导流程】

一、团辅主题导入活动：鸡蛋变凤凰（热身游戏）

活动概述：将学生分组，然后每组派出代表进行石头剪刀布游戏，通过输赢模拟学习成长中的各种成功与失败，让学生认识到每个人在学习成长的过程中都会遇到各种曲折与困难，这时候就体现了规则与团队合作的重要性。

活动流程：

1.学生分组进行鸡蛋变凤凰游戏，石头剪刀布，从鸡蛋变小鸡，从小鸡变大鸡，从大鸡变凤凰。

2.刚才，我们一起做了一个有趣的游戏，请出鸡蛋、小鸡、大鸡、凤凰的代表发表感想。（采访学生）

二、团体主题活动一：同舟共济（共同面对学习困难）

活动概述：同舟共济这个游戏是考查同学们在学习中遇到困难时所做的选择。在这个时候要学会团结协作，有时候一个人学习，遇到了困难无法解决的情况，我们可以找老师，或者找成绩好的同学帮忙，而成绩好的同学在帮助别人的时候也能够收获更多的知识，共同面对，共同成长。

活动流程：

1.我们玩的这个游戏叫作"同舟共济"。准备报纸，八个人为一组，想各种办法让所有的成员都站在上面，看哪个小组坚持的时间最长。

2.在刚才的游戏中，参与的同学有什么感受呢？和大家一起分享一下吧!

注意事项：

教师应当从旁协助指导，待学生站好之后把报纸叠得更小让他们再次尝试，引导各组学生找到一个指挥，并告诉学生们可以把这个指挥的同学当作在平时学习中成绩比较好的同学，我们遇到困难的时候可以找他帮忙。

三、团体主题活动二：心有千千结（学习上遇到困难时要冷静面对）

活动概述：不管是学习还是人际交往中，我们经常都会遇到一些"死结"，这个时候，大家一定要沉着冷静，齐心协力，这样问题就会得到解决。

活动流程：

1. 让全班同学（培智班级8人左右）手拉着手围成一个圆圈，记住自己左手和右手牵着的同学。

2. 在节奏感较强的背景音乐中，大家放开手，随意走动，音乐一停，脚步即停。找到原来左右手相握的人分别握住。

3. 小组中所有参与者的手都彼此相握，形成了一个错综复杂的"手链"。在节奏舒缓的背景音乐中，老师要求大家在手不松开的情况下，用各种方法，如跨、钻、套、转等，将缠在一起的"手链"解开，还原成之前的圆圈。

注意事项：在这个活动中，老师更多的是作为一名旁观者，不要过多地参与指导，应该多让孩子们自己去尝试寻找解决问题的方法。但可以提示游戏参与者，在遇到无法解决的困难时可以寻求老师的帮助。

四、团体活动小结

同学们，刚才的游戏玩得开心吗？在成长的过程中、日常的学习中，总是会碰到各种各样、难以预料的困难，我们需要保持乐观的心态，与同学们一起齐心协力，健康成长，快乐学习，终会实现梦想。

团体辅导第4课　学习的魅力

【活动目的】

通过团体心理辅导活动，使学生认识到每门学科都很有趣，学习是一件愉快的、吸引人的事，激发学生乐学、爱学的情感。引导学生体验成功学习的喜悦，培养学生积极、认真的学习态度。

【辅导重点】

希望通过活动让学生感受学习的魅力，体验天天进步的喜悦。

【辅导对象】

小学一、二年级轻、中度智障学生。

【活动时长】

1课时。

【辅导流程】

一、团辅主题导入活动：快乐舞台（热身游戏）

活动概述：课前收集好学生在各类课堂上学习时的照片，在导入环节让孩子们回顾他们通过学习获得了哪些技能，从而体会学习的魅力。

活动流程：

1. 看图进行情境导入。

2. 体会学习的快乐。

师：在这段时间里，有好多小朋友都学到了许多新本领，这让他们感到很快乐。让我们来看看他们上课的图片，看看他们在什么课上学会了什么。

3. 学生介绍自己的本领，大家来露一手。

4. 聊聊：你最喜欢什么课？为什么？

二、团体主题活动一：转鸡蛋（感受知识的魅力）

活动概述：转鸡蛋这个活动是考验同学们在学习中要通过眼看、手动、思考、总结去学习一项新的技能，同时在学习中成长，感受知识的魅力。

活动流程：

1. 今天早上，老师遇到一件麻烦事，不小心把生鸡蛋和熟鸡蛋混在一起了，你有办法帮我区分一下吗？

2. 老师提示，学生分享经验，教师总结，通过摇一摇，听声音，转一转，看速度来区分生鸡蛋和熟鸡蛋，最终实验成功。

3. 刚才，我们大家一起做了一个有趣的实验，你高兴吗？为什么？（采访学生）

注意事项：

教师应该更多地去引导学生总结区分生鸡蛋和熟鸡蛋的方法，让学生通过发现—总结—获得成功这一过程体会到学习的魅力。

三、团体主题活动二：快乐碰碰车（学会换个角度看问题，把不快乐转换为快乐，感受学习的魅力）

活动概述：在学习过程中，有的人觉得快乐，有的人觉得不快乐，请大家一起分享一下快乐与不快乐的感觉。然后教师引导学生讨论如何换个角度看问题，如何把不快乐转变成快乐。

活动流程：

1. 请同学们谈谈他们在学习中遇到的快乐和不快乐，有的同学学习时很快乐，有的同学学习时不快乐。老师将他们遇到的快乐和不快乐的事情，书写在黑板上的"快乐碰碰车"与"痛苦碰碰车"上。

2.请学生谈谈：为什么对于同样的事情，有人觉得痛苦，有人却觉得快乐呢。

3.让同学们换个角度想一想，怎么样将不快乐变为快乐，让学习变得更轻松，更加有魅力！

注意事项：

在本次分享的过程中，老师更多的是要引导学生从不同的角度去看待和面对学习上的困难和挑战，让学生们相互鼓励，说出自己看待问题的角度与方法。

四、团体活动小结

今天我们一起完成了很多游戏，分享了许多收获，同学们在分享中学习和成长，在分享中也感受到了学习的魅力，领略到了学习的快乐，希望同学们在今后的学习生活中能够享受学习，愉快学习，让学习成为一件愉快的事情。

家育课堂第2课　培养孩子良好的学习行为习惯

【活动目的】

1.通过此次学习，使学生家长充分认识到培养孩子良好习惯的重要性和必要性。

2.通过此次学习，使学生家长了解应培养孩子哪些好习惯，并掌握在家教实践过程中让孩子逐渐养成好习惯的方法。

【辅导重点】

使家长了解应培养孩子哪些好习惯及怎样培养，并用心配合学校老师培养学生良好的学习行为习惯。

【辅导对象】

小学一、二年级轻、中度智障学生的家长。

【活动时长】

1课时。

【辅导流程】

一个好的习惯是成功的开始，在陪伴孩子成长的过程中，家长们都非常重视孩子各种习惯的培养，比如学习习惯、生活习惯、卫生习惯、行为习惯等等。孩子需要养成的好习惯有很多，但习惯的养成不是一朝一夕的，需要我们掌握正确的方法，并保持耐心，坚持下去，才能有所收获。

一、主题教育活动一：了解智力障碍儿童学习的心理特点

在培养孩子良好的学习行为习惯之前，我们首先要先了解孩子的学习心理特点和学习动力。

（一）学习动力：内部学习动机，外部学习动机

一般把学生的学习动机分为两类。一种是内部学习动机，是指由学生内在兴趣、好奇心或成就需要等内部原因引起的动机，对学习活动影响大，时间也比较持久。例如，有的孩子对动画片很感兴趣，在看动画片的过程中不仅获得了知识，还提高了语言表达能力。这种由内部动机激起的学习活动的满足在学习过程本身，而不在学习活动之外的其他奖赏或分数，学生是乐在其中的。另一种是外部学习动机，是指孩子由外部诱因所引起的动机，比如外在的奖惩或害怕因考试不及格而被家长训斥等活动之外的原因激起的动机，对学习活动的影响较小，维持的时间较短暂。智障儿童由于缺乏主动学习的动机，所以需要教师、家长运用奖赏或激励等方式推进、激发孩子的学习欲望和主动意识。

（二）智障儿童生理上的无助

在了解到孩子的学习动力后，我们要明确一点，家长是陪伴孩子时间

最长的人，要无条件地接纳孩子的不完美，要勇敢对待自己孩子存在的身心缺陷，调整好自己的心态，给孩子传递生活的信心，同时积极配合教师开展功能性训练，更好地陪伴孩子成长。

（三）智障儿童习得性无助

智障儿童比较敏感、脆弱、心理承受能力相对较差，遭遇挫折打击时，易产生习得性无助的心理。习得性无助是指人接连不断地受到挫折后，在情感、认知和行为上表现出消极、懈怠、甚至放弃的一种心理状态。其心理特征主要表现为当一个人发现无论他如何努力，无论他干什么，都以失败而告终时，他就会觉得自己控制不了整个局面；于是，精神支柱就会随之瓦解，丧失斗志，放弃所有努力，甚至最终陷入绝望、抑郁的状态。这成为诱发儿童产生一系列身心和行为问题的根源。

1. 观看视频：

被细绳牵住的大象。

2. 应对措施：

看了上面这个视频后，大家思考一下，当孩子在完成某种任务遭遇挫折有消退心理时，作为家长，应该怎么做呢？

（1）家长发言

正面评价会对孩子产生什么效果？负面评价又会给孩子带来什么影响呢？在我们日常生活中，孩子经常会出现消退心理，这个时候，就需要家长正确地引导，那我们要怎么做呢？

（2）温和的语气—肯定对方—提出期望值—达成目标—继续肯定—形成动力

我们在处理问题前先处理好自己的情绪，保证自己处于冷静的状态，再用温和的语气去和孩子沟通事件的经过，从中挖掘出孩子做得对的地方，用正面积极的语言，给予孩子肯定，再针对孩子做得不对的地方，共同探讨处理事情的正确方法，当孩子能按照要求完成事情时，应及时给予肯定，让他感受到积极的情感体验，并将其转化为成长的动力，在以后的生活中形成一个良性循环。

二、主题教育活动二：激发学习动机需要使孩子养成良好的学习生活习惯

当了解孩子的学习心理特点后，家长就要注意培养孩子良好的行为习惯。

（一）培养孩子健康有序的生活习惯

良好的作息习惯，非常有利于孩子成长。在日常生活中，家长们可以和孩子共同制定一个时间表，如果孩子不认识文字的话可以用图片代替（视觉提示）。比如：引导孩子做到早上按时上学，中午尽量睡午觉，晚上9:30之前睡觉。当孩子养成良好的、有规律的生活作息习惯后，我们在此基础上开展其他的训练才有更好的效果。

（二）培养孩子良好的学习及行为习惯

第一个是要训练孩子坐得住、听指令，形成良好的行为习惯。家长在训练过程中要做到语言简洁明了，重点突出，尽量一次只提出一个任务，待孩子完成后再继续提出后面的任务指令。

第二个是要多开展提升专注力的游戏。在家庭生活中，我们可以通过什么任务去培养孩子的专注力呢？

1. 可以训练孩子独立吃饭。在吃饭过程中家长尽量不要去打扰孩子，比如帮忙夹菜，或者用语言干扰孩子进餐等。

2. 给孩子提供独立游戏的时间。家长们可以购买积木或者橡皮泥等操作性玩具等，为孩子提供独立游戏的机会。在孩子游戏过程中，家长尽量不要在旁指手画脚，干扰孩子的创作，等孩子完成后，再给予评价及指导。

3. 看电视时间不宜太长。长时间的接触电子产品会破坏儿童的注意力。高频率的视觉刺激会让孩子保持长时间的刺激感和兴奋感，然而平时生活中这种高频率刺激性的事物是较少的，这就不利于孩子专注力的培养，因为当孩子从其他事物中获得的刺激比看电视更弱更少时，这些事物对孩子的吸引力便减弱了。

（三）培养孩子良好的卫生习惯

掌握勤洗澡勤换衣，饭前便后洗手等基本的卫生常识。训练孩子掌握基本的卫生保洁技能，如整理房间、做力所能及的家务，会自己洗手、洗澡，等等。

很多家长不信任孩子的能力，以"他还小，他还不会，他做不到"等理由帮孩子做完所有的事情，这其实不利于孩子自理能力的培养和发展，家长们需要多给孩子锻炼、动手的机会，不包办所有事情。

（四）培养孩子与人交往的技巧

人在社会上都不是孤立的，要与同学和睦相处，团结互助。智力障碍儿童往往缺乏正确表达和与人沟通的技能，常常导致一些纠纷、冲突产生。因此要高度重视，训练孩子的沟通、表达技巧，让其学会合适的交流方式。运用恰当的方式与人交往。

1. 请问各位家长在家中是否进行过此类训练？如果有，那你是怎么做的？

2. 你是否有带孩子到超市、公园、游乐场等公共场所呢？如果带了，你去怎么样引导孩子与他人相处的？

（1）怎么和人打招呼？（是否有和其他人交往的意愿？适应性怎样？会不会躲在家长身后？）

（2）交往的流程是什么？（有没有教孩子尊重他人？怎样用正确的方式相处？会不会在个人需求得不到满足的时候攻击他人和自伤？家长是如何处理和应对的？）

（五）在培养孩子好习惯的实践中，家长应注意以下几点：

1. 要根据孩子的年龄特点适时为孩子立一些必要的规矩。在做事情前要明确告知孩子具体的规则与做法，让孩子有心理准备，并去执行，提高执行力。

2. 家长要起以身示范的作用。比如减少在孩子身边时，玩手机的时间，不随意跷二郎腿等；当孩子出现不良行为的时候，要先反思和检视身边环境中是否出现了不良示范。

3. 及时表扬和肯定。在看到孩子能很好地履行规矩时，家长要及时给予表扬和肯定，增强其自信心。孩子受到表扬定会重复这种良好的行为。同时，要建立一个好的奖惩机制，家长要做到奖罚分明且不能朝令夕改；当孩子做错时要明确清晰地告知孩子错误的地方以及改正的方式，不能给孩子贴上负面的标签。

4. 解决问题前要先处理好大家的情绪状态，冷静后再处理问题。

5. 家长要始终如一，坚持不懈，耐心训练。不能因为短时间内看不到效果就放弃，对孩子的期望值要符合孩子的实际情况，不能好高骛远，也不要经常拿自己的孩子和其他孩子做对比。

三、主题教育活动小结

习惯的培养不是一朝一夕的事，它要求家长要有坚强的教育意志，还务必家庭内部要求一致，家庭与学校相互配合从而形成合力，一齐抓才能取得良好的效果。

第三部分　小学智障生的自我认识与提升

"认识你自己"，这是一句刻在古希腊阿波罗神殿上的箴言，苏格拉底更把这句话规定为哲学的任务。随着社会的发展，这个问题不但继续为哲学研究所关注，更成为社会与人格心理学家关心的基本议题，即"自我"问题。

一、"自我"的概念及智障儿童自我概念特点

"自我"是人类个体对自身或部分相关事物进行反映和意识活动的心理现象的总称。自我意识是其中重要的组成部分，是个体将自己当成一个客体而产生的对自己所有特征的认识。

自从"自我"这一概念被詹姆斯首次提出以后，心理学的各个理论流派都对自我概念提出了自己的理解。

美国社会心理学家库利认为个体可以通过感知别人对自己的感知来获得对自我的认识，从而形成自我概念。罗杰斯指出个体通过对世界进行知觉体验自己，并对这些经历的事物赋予意义，由此就构成了个体的整个经验系统，即个体的现象场。马库斯认为自我也应该被看作是一种认知结构或图式，是个体头脑中有关自我的信念；与自我有关的信息的加工过程都

受它的组织和指导。

综合各界学者的观点，自我概念的内涵通常包含以下内容：第一，自我概念是个体在社会生活过程中通过人际互动而形成的；第二，是对自身全面而相对稳定的认识。自我概念不仅影响个体对现实的基本态度和看法，以及对未来的理想和信念，而且影响个体人格的内在和谐统一，培养积极的自我概念对个体的心理健康和人格完善具有重要的意义。

那么对于智障儿童而言，他们的自我概念发展与常人又有什么不同呢？研究表明，自我概念的形成是随着认知能力的发展而发展的。智障儿童由于认知能力发展明显滞后，直接影响其对外界刺激的正确判断与反应的能力。表现在生理发展与心理发展的不均衡，例如智力的损伤可能导致智力障碍儿童难以有效地调适青少年时期身体上的变化；由于社会适应困难、学习能力低下，经常面临失败，由此产生抑郁情绪，通常表现为敏感、合作性差、闷闷不乐、自卑与孤独感；由于个性不成熟，高级精神发育不全，不少智障儿童有自我中心的倾向，缺乏自知与自制能力。他们容易轻信他人的评价，缺少评价的独立性、主体性和全面性。除此之外，他们对自己的评价容易带有主观情绪。情绪高涨时，会出现积极的自我评价，反之，会出现消极的自我评价。

二、影响智障儿童自我概念形成的因素

在个体自我概念形成与发展的过程中，影响儿童个性社会化的因素主要是家庭、学校、同伴。个体与环境是相互作用的，其自我概念不断发展成熟的过程中，不同年龄阶段的重要他人也有所不同。

（一）家庭教育的影响

家庭是儿童接触的第一个社会舞台，父母是引导儿童接触社会的第一任教师，父母的言行举止，对儿童的教养态度、期望和评价都直接或间接地影响着儿童对自我的认识和评价。智障儿童自我概念的形成和发展也同

样受到家庭的影响和制约。如果父母对他们缺乏正确的教养态度，会妨碍他们个性的成长，父母的歧视、溺爱、责备与忽视等不当养育方式很容易促使儿童形成消极的自我概念。

（二）教师与同伴关系的影响

随着儿童进入学龄期，教师开始在儿童社会生活中扮演重要角色。教师在儿童自我概念的发展过程中发挥着长期、重要而持续的影响。教师对学生行为的评价、情绪反应和行为表现直接影响学生的自我概念。教师的一个眼神，一个动作都会成为儿童自我评价的参照。如果教师不能对智障儿童一视同仁，那么这种歧视则容易导致他们产生失落与自卑感，这对于他们日后的自我评价与学业表现有着负面影响。

年龄相同或相近的儿童，在某种共同活动中体现出相互协调的关系，就构成了儿童的同伴关系。对于学龄儿童，同伴的看法发挥着比父母更重要的作用，被同伴接纳会产生归属感和信任感。同伴关系在儿童自我概念的形成中起着重要的作用，个体在同伴中的受欢迎程度在一定程度上决定了儿童自我概念的发展水平，并且由此建立的自我评价还会在一定程度上影响儿童今后的学业表现。智障儿童在与同伴进行交往时会因自身智力水平不足而产生更大的交往障碍，也会因其社会化进程缓慢而影响其自我概念与自我评价的形成。

（三）社会的影响

社会生活条件、社会舆论、社会风尚以及社会福利、服务机构态度的影响，既可成为学校教育的补充因素，促进智障儿童良好自我概念的形成；也可能成为学校教育的干扰因素，妨碍或制约智障儿童自我概念的形成。

三、智障儿童的自我调控

自我调控的发展与社会环境密切相关联，与环境的关系是从"他人控制"到"自我控制"的逐渐转化过程，是"动力性"的。虽然儿童在发展自我调控能力的过程中是主动的，但离不开抚养者的支持和文化环境的影响，家长对儿童需求的敏感性、要求和控制类型都会影响儿童自我调控的能力。除此之外，影响或促进儿童自我调控发展的途径还有游戏、建设性的同伴交往和互动。

智力障碍儿童脑功能发育迟滞，使其个性的发展失去了良好的物质前提，脑功能受损越严重，对个性发展调控的影响也就越明显。

（1）自我中心倾向的发展。不少智障儿童有自我中心的倾向，缺乏自知与自制能力。他们常以自身的需要为出发点来考虑别人的需要。无论是生理的还是其他的需要，他们很少考虑别人的实际情况。他们一旦有了需要时，常常要求立刻得到满足，很少顾及客观条件是否许可。

（2）难以抑制的冲动性。智障儿童由于个性不成熟、自我控制能力差，合理加工外部信息的能力发展不足，以至于往往对大量的外部刺激做出原始的直接反应。这种反应有时表现为对个人欲望的强烈追求。为了获得想要的东西，他们会不顾一切与家人或小同伴激烈争吵、发脾气，而且常常是不达目的不罢休。

（3）控制情绪的能力差。智障儿童对情绪的调节和控制能力更多地受机体需要和激情的支配，他们难以按照社会所要求的行为规范或道德标准来调控自己的情绪和行为，也难以根据环境的变化和实际需要协调情绪，改变已经产生的欲望或要求。

四、智障儿童的自我表达

智障儿童由于大脑发育受损，听觉分化功能差，以及社会环境因素的不良影响，他们的言语能力失去了稳定发展的基础。

许多智障儿童在表达自己的思想和要求时，常常讲不清楚，出现语无伦次、词不达意的状况，说话缺乏条理性和连贯性，描述发生的事件时，容易颠三倒四，使人无法理解。他们往往只能运用简单句来表达自己的思想和感情，说不出想要说的话时，就用手势、点头或摇头等来表达，像幼龄儿童一样。

导致智障儿童自我表达发展的障碍，除了由于本身的内在原因以外，还存在着一些影响表达的社会因素。

1. 不良的家庭语言环境的影响。儿童学习语言的关键期是两岁到四五岁之间，这个时期绝大多数儿童都是在家庭中度过的。有的家庭父母过于沉默寡言，智障儿童得不到良好的足够的言语刺激，说话得不到鼓励或回应；有的家长本身表达能力差，词汇贫乏，不能教给孩子更多的词语；有的家长不懂得与孩子积极沟通的重要性，没有耐心回答问题的习惯，使孩子的疑问无法表达，久而久之，就会丧失表达的欲望。这些因素都制约了智障儿童自我表达的发展。

2. 情感挫折的影响。过多的失败和挫折，备受歧视和冷落，不可避免地进一步加剧智障儿童的语言障碍，使他们失去了自我表达的欲望。

3. 生活实践活动过分单调的影响。智障儿童的生活实践活动通常会受到许多限制。在家里，家长过度保护或歧视，羞于带他们到公共场合或亲友家里走动，阻碍他们参与日常生活；左邻右舍的小朋友冷落他们，不愿和他们一起玩。这些导致智障儿童生活圈子狭小，生活内容单调，不愿参加社会实践活动，丧失了交往、表达的好机会。

五、自我认识与提升主题心理健康教育实践

第9课　正确认识自己

【教师寄语】

同学们，我们每一个人都是独一无二的，对于成长中的自己，有的时候你可能会感觉到不自在、不舒服，甚至感到害怕。这些都没关系，只要

我们认识自己、正视自己，找到让自己不舒服、不愉快的原因并学会排解，我们的每一天就都会过得很开心。

【教学对象】

小学三、四年级轻、中度智障生。

【学习目标】

1. 接纳焦虑情绪的存在，关注到焦虑的积极作用，允许焦虑与自己同行。

2. 通过海洋生物意象投射、同学间的真诚访谈和父母留言卡等活动，引导学生全面地认识自我。

3. 挖掘自己的优点和长处，提升自我形象，并学习尊重、欣赏他人。

【课堂约定】

1. 认真倾听，不随意打断他人发言。

2. 有需求时举手表达，勇敢地说出自己的想法。

3. 不随意批评他人的观点，用掌声对他人的发言表示鼓励。

【资源准备】

1. 视频（大海里海洋生物的视频）。

2. 音频（舒缓的钢琴曲）。

3. 空白卡片。

4. 采访卡。

5. 父母给学生的信。

6. 成长树（果子、叶子形卡片）。

【教学流程】

一、活动导入：热身游戏——大风吹

游戏规则：老师根据学生特点提问，学生结合自己的实际回答。例如，老师说"大风吹",学生问"吹什么?"老师说"吹穿红衣服的人"。穿了红色衣服的同学就站起来说"大风吹到我,我穿红衣服"。

二、主题活动一:意象投射——我眼中的自己

(一)"我是哪种海洋生物"

同学们,你对自己了解吗?知道"我"是怎么样的一个人吗?"我"是一个勇敢的人还是一个自信的人?"我"是坚强的还是胆小的?"我"有哪些特点?今天,我们就来认识一下"我"。

欣赏一段视频(大海里海洋生物的视频)。

我们看到海洋里有各种各样的海洋生物,有绚丽多姿的珊瑚,灵敏的小丑鱼、笨重的海龟、凶猛的鲨鱼、庞大的鲸、聪明的海豚……你最喜欢哪种呢?

请大家闭上眼睛(播放音乐),想象一下:在碧蓝的、寂静的深海里,在各种各样的海洋生物之中,我最像哪一种海洋生物?请你根据自己的性格特点选择一种海洋生物来代表自己。

现在,请同学们睁开眼睛,回忆一下代表自己的那种海洋生物长什么样,然后用3分钟的时间在卡片上画出它的样子。如果你觉得自己画不出来,只写名字或者用线条、色块表示也可以,然后在旁边写出这种海洋生物的1~3个特点。

(二)"我喜欢海洋中的哪个位置"

大家想象咱们的教室就是一片静静的海洋,你这种海洋生物会待在什么地方呢?会喜欢保持什么样的姿势呢?会做什么呢?是找个地方躲起来,和珊瑚海葵嬉戏,还是在周围游荡,到处猎食?请"海洋生物们"悄悄地"游"出你的座位,在教室这个大海里找到你喜欢的地方,用你最喜欢的姿势安静地待在那里。请保持不动直到音乐停止。

现在,老师这位海洋生物研究员也来到了这片静静的大海中,当研究员游到你身边时,请你小声地告诉研究员:你是什么海洋生物?你有什么

特点？

现在，请向离你最近的一个同学靠近，相互悄悄地告诉对方，你是什么海洋生物？你有什么特点？

三、主题活动二：别人眼中的"我"

（一）真心话访谈——同学眼中的"我"

在别人的眼中，我是一个怎么样的人呢？请大家互相做一个采访活动，叫作"真心话访谈"。做法：每位同学手持一张采访卡，分别寻找3~5位同学有礼貌地去询问他（她）对你的印象，并请对方用一个词来形容你的特点，并记录在你的"采访卡"上。要求：接受访谈的同学一定要认真思考、真诚回答，禁止恶意攻击和开不恰当的玩笑。在采访过程中，注意控制音量，只用两个人听得见的声音来说话。采访完后，请安静地坐好，时间为3分钟。

请大家看看自己的采访卡，这就是同学眼中的你，哪些特点是你非常满意的或者是你没想到的？自己回忆一下：什么时候的你是这样的？同学们可以拿笔来写一写你现在的想法或感受，也可以拿画笔来画一画（涂色）你现在的心情。

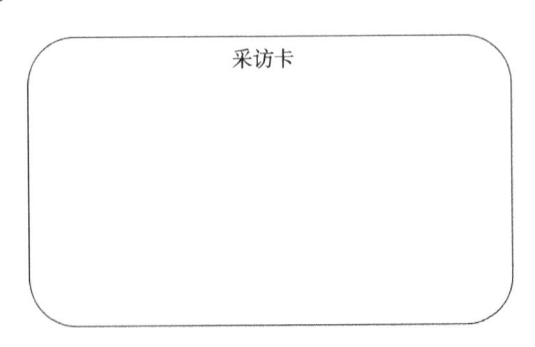

采访卡

（二）爱的留言——父母眼中的"我"

同学们刚才看到了自己眼中的"我"和同学眼中的"我"，我们还可以从哪里看到自己呢？一直陪伴我们成长的父母，也是最了解我们的父母。老师昨天请你们的爸爸妈妈写下了你在他们心目中的样子，他们的答案装在信封里。请同学们拆开信封，看看父母眼中的你是怎么样的。

这就是父母眼中的"我"，有许多的优点也有不足之处，还有父母对我们提出的期望。这是爸爸妈妈"爱的留言"，希望我们能保持优点，改善不足，做更好的自己。收到了父母爱的留言，那你想不想也给自己的父母留言呢？你想对自己的父母说什么？

现在，请同学们双手紧握并放在自己的胸前，轻轻地闭上双眼，想象自己的父母现在就坐在你的面前，请你在心中默念："爸爸妈妈，谢谢你们这么爱我、包容我，让我懂得了人生的美好，让我感受到自己的独特，我会好好学习，快乐成长，不断突破，成为更好、更优秀的自己。"

四、拓展活动：成长树

请同学们在自己的成长树上，粘贴树叶和果子。粘贴之前请在果子上写上自己的优点，在叶子上写出自己的不足。如果同学们还有其他的想法也可以在上面进行补充说明。

接下来，请大家相互分享自己的成长树。并问问自己——成长树上的自己是理想中的自己吗？你是否能接受这样的自己？

无论如何，这都是独一无二的自己。同学们，请尽情喊出内心的话语：我是独一无二的，我非常喜欢这样的自己。

五、课后作业

画一幅自画像。

【课外拓展】

《你是特别的，你是最好的》绘本推荐。

第10课　接受真实的自己

【教师寄语】

亲爱的同学们，我们每个人都是与众不同的。有的人在某些方面特别有优势，比如唱歌很好听、算数特别厉害……但是我们也会有一些不如别人的地方。但是这些都不重要，因为每个人都是不一样的个体，我们都应该喜欢真实的"我"。

【教学对象】

小学三、四年级轻、中度智障生。

【学习目标】

1. 以阳光的心态看待自身不足，学习使用积极的心理暗示悦纳自我。
2. 懂得面对自卑与嘲笑时应采取的恰当的行为方式。
3. 养成以积极的心态面对生活中的负面情绪。

【课堂约定】

1. 积极参与课堂活动，响应老师的课堂指令，勇敢地表达自己的需求。
2. 认真聆听他人发言，不随意打断他人的发言。
3. 对同学所做分享在课程结束后不传播，不讨论。

【资源准备】

1. 绘本故事《大鲸鱼玛丽莲》。
2. 音频（舒缓的钢琴曲）。
3. 一封信（我该怎么办）。
4. 信笺纸。

【教学流程】

一、热身游戏："抓手指"

游戏规则：同学们各自找一位同伴，两人面对面坐着，分别将左手握拳，只伸出食指，并用食指紧紧顶着对面同学右手的掌心，再将右手平伸，掌心向下，顶着对面同学的左手。认真听老师的指导语，当听到老师说数字"5"时，请迅速用自己的右手抓住对面同学的左手食指，同时自己的左手食指要迅速移开。

接下来我们要加大游戏的难度：在游戏中没能及时移开食指的同学需上台表演节目。现在请愿意参加巅峰对决的同学举手。

为什么同学们都不敢举手了呢？同学们，不要害怕，不要担心，要自信一点。如果大家每次做事情都缺乏自信，遇到事情就退缩，那长期下去就会越来越自卑，导致什么事情都做不好，你希望自己变成这样吗？今天就让我们大胆一点、勇敢一点，一起想办法克服心理的自卑，做一名阳光、自信、勇敢的小学生吧。

二、主题活动一：绘本故事《大鲸鱼玛丽莲》

教师给学生们讲解绘本故事。

面对同学们的嘲笑，此时的玛丽莲，她的心情是怎样的？她遇到问题的时候是怎么做的呢？她嘟囔着小嘴，瞪着圆溜溜的双眼，无辜地看着嘲笑她的同学们。你们猜猜，玛丽莲真的讨厌游泳吗？

让我们闭上眼慢慢地回忆一下，在你的生活中、成长过程中，你是否也曾遇到过和玛丽莲相类似的事情？你是否会对自己的某些方面不满，是不是每次做事情时总想获得他人的认可？要是得不到他人的肯定，甚至还遭受他人嘲笑时，你的心情是什么样呢？

最后，在教练的鼓励下，玛丽莲成功了吗？

玛丽莲最后在教练的指导、帮助下，向着积极的方面去努力，从积极的方面思考问题,逐渐变得乐观、开朗起来,最后成为一名自信满满的学生。从心理学上来说,这就是积极的心理暗示。

三、主题活动二:交流与分享

这种积极的心理暗示是一种能够改变自卑心理、让自己变得自信的办法,同学们,你们学习到了吗?

除了使用"积极的心理暗示"的方法让自己更自信,你们还有其他提升自信心的好办法吗?

现在,老师遇到了一道难题,你们可以帮老师解决一下吗?

敬爱的老师:

我很小的时候,爸爸妈妈就下岗了,因为没有工作,他们只能在路边摆摊来维持生计。我上小学了,因为个子矮小,每次都被安排坐在第一排;加上我外貌普通,成绩又不太好,同学们经常在背后嘲笑我。最近,我睡觉的时候经常做梦,梦见有很多人追着我、骂我,我常常会在梦中被吓醒。我不知道该怎么办。

不愿透露姓名的伤心的同学

请同学们讨论一下,面对这样的情况,你会怎么鼓励他,让他重新振作,开心起来呢?

大家的办法都很不错,那老师也来说一说其他的办法。

1. 在日常生活中,要经常赞赏、表扬自己,这是建立自信的第一步。

2. 在面对自己缺点的时候,可以站在不同的角度去看待,比如,我虽然长得很胖,但是我很强壮,可以帮助同学们搬桌椅。

3. 学会全面看待自己,多找找自己身上的闪光点,也是提高自信的好办法。

四、拓展活动：给"过去的自己"写封信

写给"过去的自己"

过去的我：

　　你好！过去，我因为＿＿＿＿＿＿（事情）而感到＿＿＿＿＿（心情），现在，我懂得了，我想对你说＿＿＿＿＿＿。

　　　　　　　　　　　　　　　　　　　　　现在的我

　　　　　　　　　　　　　　　　　　　　　年　月　日

五、课后作业

和爸爸妈妈聊一聊，你在家里有哪些方面是表现比较好的，请爸爸妈妈帮忙说一说、写一写。

【课外拓展】

学唱歌曲《隐形的翅膀》。

第 11 课　我可以　我能行

【教师寄语】

同学们，在我们平时的生活和学习中，当我们遇到困难、不知该怎么办时，不要慌张，我们只是由于自身知识储备不足而暂时不知道或做不到而已。只要我们愿意勇敢一些，坚持学习或通过其他方式寻找新方法，先解决小困难，再解决大困难，一步一步努力，困难都会化解的。

【教学对象】

小学三、四年级轻、中度智障生。

【学习目标】

1. 认识困难和挫折是普遍存在的，是不可避免的。
2. 通过体验，感受到困难是可以通过多练习、学习新方法来克服的，提高解决问题的能力。
3. 坚信办法总会比困难多，养成遇事先冷静的习惯和乐观的思维方式。

【课堂约定】

1. 参与游戏之前要认真听老师讲规则，保持专注。
2. 认真聆听他人发言，不随意打断，有需要时举手表达需求。
3. 勇敢地表达自己内心的真实想法。

【资源准备】

1. 视频片段。
2. 与班级同学人数等量的绳子。
3. 卡片。

【教学流程】

一、活动导入：游戏——小鸡变凤凰

游戏规则：1. 同学扮演鸡蛋，每颗"鸡蛋"随意寻找一个对象，通

过剪刀、石头、布与另外一个"鸡蛋"猜拳,猜胜的可变为"小鸡",猜输的仍然为"鸡蛋","小鸡"可以半蹲扑棱翅膀行走。

2."鸡蛋"仍然找"鸡蛋"猜拳。"小鸡"找另外的"小鸡"猜拳,赢家升级为"凤凰",输家则需降级为"鸡蛋","凤凰"可以直立高飞。

3.升级到"凤凰"后可以不找人PK,依旧做"凤凰"。但是有"凤凰"来挑战时,却不允许回避。赢家依然是"凤凰",输家要降级为"小鸡"。

教师作为观察者,观察每个孩子在游戏中的表现,随着游戏的不断进展,老师适时提问学生:请问你有什么感受?

教师给最后是"小鸡"的同学送上一枚小书签。同时引导学生分享感受:游戏进行到最后的这一刻,同学们有什么心得体会?

教师小结游戏:这虽然只是一个游戏,却告诉了我们生活的真谛:任何人都不可能总是顺心如意,既会有春风得意的赢,也会有不甘心的输,还可能会遇到意想不到的种种不公平……在成长的道路上,不管你愿意还是不愿意,总会遇到各种各样的困难和挫折。面对困难和挫折时,你会选择以怎样的态度来面对呢?今天就让我们一起来学习:面对困难,我能行!遇到困难时,树立信心,寻找办法,相信办法一定会比困难多。

二、主题活动一:畅谈困难,挖掘自身的有效资源

1.教师和学生一起观看视频:一个小女孩尝试着跳上凳子,试了八次,摔了八次都没能成功。教师引导学生思考:你觉得这个女孩此时心里会怎么想?如果是你,你会选择放弃,还是坚持呢?

2.教师问学生:你们想不想知道这个小女孩有没有坚持?最后成功了吗?

3.继续观看视频:小女孩在父亲的鼓励下,没有放弃尝试,最后终于跳上了凳子。

4.引导学生思考:同学们,这个小女孩是怎么成功跳上凳子的?我们平时在做事情的时候,遇到困难时,该怎么办?你觉得从困难重重到成功,

需要哪些品质?

5.分小组讨论:请每个同学在小组内分享自己这方面的经历,谈谈当时你是怎么想、怎么处理的。

6.教师小结:我们每个人都会遇到各种各样的困难,在面对困难时有人选择放弃,有人选择面对,不同的想法会导致解决困难的方式有所不同。就像视频中的小女孩一样,在困难面前鼓励自己、树立信心,坚持练习,不轻易放弃,有助于我们克服和战胜困难。

三、主题活动二:体验困难是可以战胜的

游戏:"魔术绳结"。

教师发给每一位同学一根绳子,请同学们自己尝试想办法,用两只手分别抓住绳子的一端,在不松开手的情况下,打一个绳结。

规则是:两手必须分别抓住绳子的两端不能松手,给绳子打一个结。同学们可以自己尝试想办法,也可以发挥小组的集体智慧一起讨论。

教师演示:先将双手交叉抱于胸前,然后用左右手的手指分别握住绳子一端,接着把交叉于胸前的手解放出来,这样绳结就打成了。

同学们看清楚了吗?只要想想办法,这是可以做到的。请大家按老师的方法再尝试一遍。

教师小结:这个打绳结的活动,一开始我们都觉得很困难,不可能做得到。可是找到方法后,是可以做到的。我们从不会到会,从不知道方法到找到方法。这个活动能给你什么启发吗?当我们在生活中遇到困难时,你会怎么做呢?在学习和生活中,当你觉得困难的时候,不要慌张,不要气馁。轻易放弃将会错过收获,而坚持则会带来惊喜。

四、拓展活动:分享感悟,畅谈收获

同学们,在这节课的活动中,你有什么感受?让我们谈一谈,说一说。同时请大家拿出纸写下自己遇到的困难,想一想,你准备用什么方法和行

动去战胜这个困难。

五、课后作业

你身边有表现得很自信的人吗？说说他有什么特点。

第12课　自信心理的认知

【教师寄语】

同学们，人生的各个方面都离不开自信，在今后的学习和生活中有可能会遇到各种困难和挑战，这个时候，让我们心中有这样一个信念——我相信我可以做很多事，我努力就会成功！

【教学对象】

小学五、六年级轻、中度智障生。

【学习目标】

1. 认识到自信的重要性，了解自己的优点和不足，取长补短，增强自信。
2. 学习自我激励的方法，遇到困难时要有自信，使自己有一个良好的精神状态去面对学习、生活中的挑战。

【课堂约定】

1. 爱护学习用具，不破坏课堂上使用的游戏道具，不将其据为己有。
2. 善于肯定同学，积极给予同学表扬和赞美。
3. 勇敢地将自己真实的想法表达出来。

【资源准备】

1. 音频（舒缓音乐）。
2. 卡片。
3. 按班级人数准备小镜子。

【教学流程】

一、活动导入：介绍你自己

今天第一次与同学们一起上课，请同学们来自我介绍一下，让我好好认识你们。虽然我们彼此并不了解，但我相信今天这节课将会成为我们美好的回忆。

下面我们进行一个游戏。

游戏规则：老师说出一个特征，如果你认为老师描述的是你，就请你立刻站起来。如果你觉得描述的不是你，请你坐着别动，游戏结束后，统计一下自己共站起来几次。

二、主题活动一：照镜子

请拿起你的小镜子，看着镜子中的自己，欣赏一下自己，说一句欣赏自己的话。

其实，在自我介绍时、在游戏中照镜子时，有些同学已经不知不觉地表现得不自信了。生活中也有许多事透露出人们的不自信。"不自信"究竟是怎么回事呢？

三、主题活动二：面对面观察自信的样子

请同学们全体起立跟我学三个动作：请你认真地看着我，请将你的头歪向一边，请将你的头低下，看着自己的脚或地面。

刚才同学们做了三个动作，哪个动作让你们更自信呢？

原来正视对方的眼睛说话可以提高自信。想一想：自信的样子还有哪些？

这里有一些人的照片，请同学们仔细观察他们自信的样子，重点观察他们的外貌和表情、举止和态度。

外貌和表情——眉毛扬起来，眼睛炯炯有神，微笑，精神抖擞。（师语：

可以表现出自信）

举止和态度——昂首挺胸，正视对方，自然舒展，热情友好，活泼。（师语：可以表现出自信）

老师要把三句话送给同学们作为礼物。

第一句话送给自己：我真棒！请同学们起立，我们一起自信、大声地对自己说：我真棒！

第二句话送给你旁边的小伙伴：你真棒！

第三句话送给我们全体同学：我们真棒！

你们刚才在夸自己的时候有什么感觉呢？被同伴夸的时候感觉如何呢？

四、拓展活动：自信的内在表现

其实，积极的自我暗示就是对自我的肯定，下面请同学们在卡片上写一句自我肯定的话。

接下来让我们对着镜子说自己写的话，记住要有力地，充满自信地说出来。让我们对着镜子自己说，面对大家说，面对老师说。说完的同学请把卡片贴在黑板上（事先设计张贴的区域）。

五、课后作业

回到家里对着爸爸妈妈说出自我肯定的话。

【课外拓展】

自信歌

昂起头来挺起胸，自信二字记心中。

别人能行我也行，做事必须严细恒。

只有信心无恒心，半途而废事难成。

艰难困苦都不怕，相信自己一定行。

团体辅导第5课 我就是我

【活动目的】

1.通过团体心理辅导活动,帮助学生形成正确的自我概念,修正错误的自我认识。

2.通过活动让学生理解:对自我的认识是由自己决定的。

3.在游戏中让学生体会正确的自我认识所产生的积极情感体验,引导学生接纳自己。

【辅导重点】

帮助学生形成对自我的正确认识,在游戏中体验正确的自我认识所产生的积极情感,学习从不同的角度看待自己和他人,进行合理的社会比较,产生自我认识的优越感,在日常生活中学会接纳自己。

【辅导对象】

小学三、四年级轻、中度智障生。

【活动时长】

1课时。

【辅导流程】

一、团辅主题导入活动:游戏"大风吹"

活动概述:反应是学生的第一思维,也是最本能的表现。在生活中,知识和经验的积累可以增强人们的反应能力。游戏"大风吹"是一项锻炼反应能力和注意力的破冰互动游戏,和抢凳子游戏很像,也可以说是由其衍生而来;参与游戏的人数越多越好,它能迅速活跃气氛,尽快消除师生之间的陌生感,让大家进入学习状态。

活动流程：老师说"大风吹，大风吹，吹到第几行第几列"，那么第几行第几列的学生要站起来说"大风吹，大风吹，吹到我，我是×××（名字），我是一个怎么样的人（如爱跑步的人）"。按人数依此重复。

活动规则：在"大风吹"游戏中，有几个被"吹"到的同学都说了他们是一个什么样的人，比如这名同学是一个××的人，那名同学是一个××的人（根据学生回答来定），"××"就是那几位同学对自己的认识。

注意事项：教师需要提前观察学生今天穿着等方面的特征，提出相应问题。

二、团体主题活动一："小小树叶"

活动概述：在活动中让每一个学生发现不同树叶的相似之处与不同之处，让学生感受树叶的不同。让学生理解"每一片树叶都是独特的，每个人都是独一无二的"这个道理。

活动流程：

1. 找到自己喜爱的树叶。

2. 观察自己手中的树叶。

3. 比较自己的树叶和同学的树叶不同之处。

4. 教师回收树叶并将树叶混合在一起。

5. 请同学找到自己的树叶。

（邀请几位同学分享树叶游戏环节的感受，引导学生说出独特的感觉。）

活动规则：

1. 每一位学生只能选择一片树叶且不可与他人进行交换。

2. 教师可适当地引导学生观察、掌握各自手中的叶子的特征。

3. 在学生寻找自己的树叶时，教师尽量不做干预。

三、团体主题活动二："我就是我"

活动概述：教师通过展示学生的照片、名字、优点，帮助学生了解自己的优点与长处，也了解自己与他人的不同，学会肯定自己，也欣赏他人。

活动流程：

1. 教师展示每位学生的照片，请同学说出他的名字；并引导学生了解每个人的面部特征的不同，可通过相貌区分每一个人。

2. 教师引导学生说出自己的优点，并针对性地点评学生的优点；让他们明白，每个人都有自己的闪光点，不必一味模仿与羡慕他人的特点，不一样的自己也是棒棒的自己。

活动规则：在分享环节中，学生自由发言，不干扰他人发言。

注意事项：教师需要关注到每位学生的注意力集中情况，使用图片辅助或助教参与引导时，提醒学生跟上课程进度。

四、团体主题活动三："指纹画""手掌画"

活动概述：教师展示一张有树干的画，并引导学生利用自身独一无二的指纹或者手掌在树干上摁自己的手掌印与指纹印。通过这环节了解人与人都是不同的，每个人都有自己的特点。学会好好爱独特的自己，努力向上成为一棵健康阳光的大树。

活动流程：

1. 观察手掌与指纹。
2. 教师讲游戏规则与玩法。
3. 教师引导学生进行指纹画与手掌画的创作。
4. 教师总结。

五、团体活动小结

看这棵大树，我们用指纹与手掌给它增添了许多的叶子与花朵，让这棵树变得茂盛。我们每个人也像这树叶和花朵一样，非常独特，我们每个人都有自己的优点，绽放着光彩。让我们通过自己的努力，成为一棵健康阳光的大树。

团体辅导第 6 课　自画像

【活动目的】

大千世界，千人千相，每个人的"自画像"都是一个不同的自我。通过"自画像"进一步引导学生从个性、品质、本领等方面发现自己、欣赏自己，认识自己的优缺点，明白自我的优势和潜能所在，帮助他们逐步树立自我意识，学会自我约束和情绪控制，学会接纳和尊重与自己生活方式或习惯不同的人。

【辅导重点】

学会欣赏他人和接纳自我。每个人都具有不同的特质和禀赋，正确的观点和态度是用欣赏的眼光看待他人的长处和优点，同时也对自我有一个正确的认识，学会积极地悦纳自我。

【辅导对象】

小学三、四年级轻、中度智障生。

【活动时长】

1 课时。

【辅导流程】

一、团辅主题导入活动：超级模仿秀

活动概述：组织学生看一段"明星模仿秀"录像，让学生懂得不能一味盲目模仿他人，要有自己的想法，做真实的自己。

活动流程：

1.组织学生看一段"明星模仿秀"的录像，请学生也尝试着模仿一下。

2.讨论：模仿别人好不好？

3.教师小结。

活动规则：让每位学生大胆模仿，其他同学不可有嘲笑等行为。

注意事项：教师应关注到每位学生的表演情况，鼓励学生大胆模仿。

二、团体主题活动一：自画像

活动概述：在日常生活中，我们总是会不自觉地跟别人对比，由此产生对自己不满意的情绪，觉得自己"一无是处"。其实有这样的想法非常正常，它恰恰表明了你是一个追求完美和理想的人。其实，我们每一个人都是独特的、充满潜力的个体，我们要练就一双能发现、欣赏自己长处的眼睛，学会发挥自己的优势去面对学习、生活中的各种挑战。

本次活动，老师将和同学们一起进行自我认识和探索。通过"自画像"的方法，勾勒自己的一个秘密、一段历程、一个场景、一个特质……借助"自画像"进行交流和沟通，了解自己的特质、优势、长处以及缺点等，理解周围的"你、我、他"，进一步深化对周围人的认识或重新认识大家，从而促进彼此的了解和沟通，更好地诠释和展现属于自我的完整生命。

（一）活动流程：

1.展示学生的照片，引导学生欣赏自己。

2.给每位学生派发一张 A4 白纸，把绘画工具（水彩笔、蜡笔等）置于场地中央，学生可根据需要自取水彩笔或蜡笔。

3.请学生在 15 分钟内，在白纸上完成一幅自画像。

4.学生想怎样画就怎样画，不拘泥于形式和要求，但必须是自画像。

5.画像完成后，学生互相交流和分享各自自画像的含义，教师引导学生仔细、认真地倾听他人讲述自我，观察别人描绘的自我，观察和理解其他人真实的表现和自我的感觉。

6.教师针对小组中的典型,进行点评,并鼓励其他同学结合自身情况进行分享与交流。

(二)活动规则:

1.每位学生独立完成,不要与人商量,不要模仿他人,不要指导他人。

2.在互相交流和分享环节,学生可以进行回馈或联想,但不能使用批判性、攻击性的言语。

(三)注意事项:

1.教师不要限制学生的想象和绘画形式,自画像可采取卡通、漫画、白描、速写等不同的画法,可以是细腻、精致的描绘,也可以是简单、抽象的勾勒;可以是一个写实的人,也可以是一个象征的物。

2.绘画时,学生的座位要间隔开来,保持一定的距离,避免相互影响。

3.作画的工具要准备充足,每种颜色的彩笔都要多备几支,防止出现抢夺现象。

三、团体主题活动二:巧补"有短板的木桶"

活动概述:借助多媒体教学工具,运用问答法、讲解法、讨论法、动手操作法的形式,使学生对短板理论有一定的了解,让学生认识到人人都既有长处也有短处,要正确面对自己的"短板",并让学生进行对自身的思考,对问题提出自己的见解,学会解决问题的方法。

(一)活动流程:

1.教师展示有短板的木桶图片并介绍短板理论,盛水的木桶是由许多块木板箍成的,盛水量也是由这些木板共同决定的。若其中一块木板很短,则盛水量就被短板所限制。让学生思考木桶上的短板对于人而言是指什么。

2.学生听从老师的讲解,思考木桶上的短板对于人而言是指什么。

3.教师总结:试想一下,把木桶想象成我们自己本身。木桶上的短板就如我们自身的缺点,要认识到我们有长处也有短处,要正确面对自己的

"短板"。

4.让学生自己思考巧补短板的方式，然后进行小组讨论以及动手操作，寻找让有"短板"的水杯装最多的水的方法，最后进行举手发言。

5.学生先对老师提出的问题进行独立思考，然后进行小组讨论以及动手操作，最后，发表自己的意见。

6.教师小结：有短板的木桶通过一定的方法也能装更多的水，所以就如我们一样，有缺点并不可怕，我们也有解决它的方法，我们要学会认识自己，勇于面对自己的缺点。

7.教师对学生刚才提出的解决方法进行总结，并给予补充和解释说明。

（1）把短板补上，让学生知道自己的短板也是可以补上的（用透明胶把缺口补上）。

（2）让学生认识到除了短板，自己也有长处（倾斜木桶，靠长木板多盛水）。

（二）活动规则：积极思考，参与游戏，参与讨论，动手操作。

（三）注意事项：活动中教师提出本节课要思考和解决的问题，帮助学生掌握如何解决短板问题，提醒学生积极思考、参与讨论。

四、团体活动小结

我们每个人都是独特的，都有自己的优势和长处，同时又有许多限制和缺点。一个拥有伟岸灵魂的人，或许没有高大壮硕的身躯；一个天资聪颖，才华绝代的人或许没有幸福安宁的家庭，相反，甚至有着痛苦不堪的身世。世间的一切事物都无法十全十美，良好的心态就是欣赏那些美好，接纳生命中那些残缺，因为这些都是属于我们真实的人生。

我们在认识自己的同时，也要学会倾听和观察他人，认识和理解他人，善于发现身边人的可爱和美好，因为认识和理解他人也是平常生活中对真实和善良的一种追求。

家育课堂第3课　培养孩子健全的人格

【活动目的】

1. 让家长知道什么是健全人格，应从哪些方面培养智障孩子健全的人格。
2. 明确家庭教育在培养学生健全人格过程中的重点任务。
3. 指导家长学会巧妙利用适当的挫折教育提升孩子的抗挫能力。

【辅导重点】

明确家庭教育对培养孩子健全人格的重要性，指导家长从完善孩子的自主意识、帮助孩子树立自信心、培养其抗挫能力、发挥自身的榜样作用、加强家校合作等方面培养学生健全的人格，促进学生健康发展。

【辅导对象】

本校智力障碍学生的家长。

【活动时长】

1课时。

【辅导流程】

一、主题教育活动一：活动导入

尊敬的各位家长，你们好。欢迎你们来听我们的家长学校育儿讲座。共同关注学生的身心发展，以及学习情况。今天我们共同探讨的问题是如何培养孩子健全的人格，首先我们来看看智障儿童的心理特点有哪些。

1. 感知觉特点：智力残疾的儿童感知觉缓慢，感知的范围狭窄，感知信息容量小；感知觉不够分化，区分能力薄弱；缺乏感知事物的积极性和主动性。
2. 记忆特点：记忆速度缓慢，保持不牢固，再现困难和不准确；记忆的目的性差，选择功能薄弱。

3.语言特点：语言发展迟缓，词汇量少；句式简单，往往不符合语法，大多伴有言语障碍。

4.思维特点：思维长期停留在直观形象阶段，概括水平低；思维刻板，缺乏目的性和灵活性；思维缺乏独立性和批判性。

5.情感和个性特点：意志力薄弱，缺乏主动性，易受暗示，固执；高级情感发展迟缓，情绪不稳定，调节能力差；比较消极。

二、主题教育活动二：育儿课堂

（一）初步了解什么是健全人格

什么是健全人格？健全人格是指每个人在自身所处的社会文化环境中保持良好的认知水平、平稳的情绪情感、恰当的行为方式和正常的社交与职业功能。

教育的根本宗旨，是促进学生身心健康发展，帮助其形成健康的独立人格，拥有谋求个人的幸福的能力。今天我们共同探讨的问题是怎样培养孩子的健全人格，提升抗挫能力。

（二）了解应从哪些方面培养智障孩子的健全人格

1.形成自主意识

自主意识是指一个人能控制自己的行为，知道自己在做什么。

在日常生活中，我们要敢于给孩子任务，多引导、支持、鼓励孩子独立思考，自己去想办法解决问题，做出决定，在实践中培养他们独立思考、分析问题和解决问题、纠正自己不良行为的能力，促使孩子健全人格的形成。

2.培养自信心

一个缺乏自信的人，会严重影响其为人处事的态度，会导致其缺乏克服困难的勇气和精神。因此，我们要经常创造机会，鼓励孩子大胆表现，多用赏识的眼神和语言帮助孩子树立自信心，让孩子对未来充满期待，以无所畏惧的精神面对生活的各种困难和挑战。

3. 促进良好个性的形成

良好的个性可以让孩子终身受益。勇敢、乐观、开朗的性格特征，必能使智力障碍儿童的人生道路走得更加顺畅。因此，我们要遵循教育规律，从生活细节入手，坚持不懈地加强孩子的教育，帮助孩子发展自我、完善自我，形成相对稳定而独特的健康个性，促进孩子良好个性品格的形成。

4. 提升抗挫能力

抗挫力也叫逆商（Adversity Quotient），它是指人们面对逆境时的反应方式，也指面对挫折、摆脱困境和超越困难的能力。每个人在成长路上都会遇到挫折，有的人能很快调整好自己的状态，有的人却可能就此一蹶不振，这其中，个体对待挫折的态度是关键因素。提升孩子的抗挫能力，我们既要化解挫折给孩子带来的压力和打击，又要利用挫折锻炼孩子的心理承受能力，激发他们的智慧和勇气。要让挫折成为孩子人生路上的助推器而不是绊脚石。

（三）在家庭教育中培养孩子健全人格的重点任务和做法

1. 认识自我，完善自我

引导孩子正确地认识自我，了解自己的优点、缺点、爱好、性格、习惯等，学会自我调控、自我反思、自觉学习，找出与别人的差距，取人之长，补己之短。只有在了解自我、认识自我的基础之上，才能不断地完善自我：正确地对待自己，与他人友好相处。

2. 提供机会，培养自信

随着孩子自我意识的逐渐形成，他们的主动性会明显增强，喜欢自己动手尝试。放手让孩子做力所能及的事情，是孩子成长的需要。心理学研究认为，自我服务是孩子的成长需要，爸爸妈妈要因势利导，在保证孩子安全的前提下，放手让孩子去做，让孩子在实践中树立自信心。

心理学认为，自我服务是孩子发自内心的需要，随着孩子自我意识的逐渐形成，他们的主动性会明显增强，喜欢自己动手尝试。放手让孩子做力所能及的事情，是孩子成长的需要。因为孩子终究要挣脱我们的怀抱，成为一个独立的人，我们要让孩子为这一天的到来做好准备。所谓独立性，是指一个人独立地分析和解决问题的能力，它是每个人在社会上生存，以及进行创造性活动必备的心理品质。独立性作为人格独立的特征之一，是个体通过主观努力和接受教育而获得的。培养孩子的独立性，需要有适宜其生长的环境和良好的教育。

3. 言传身教，树立榜样

教导孩子明辨是非，循循善诱，谆谆教诲，这就是言传。以身作则，用自己的良好行为影响孩子，这就是身教。在生活中，家长说的每一句话，做的每一种行为都可能成为孩子模仿的对象，家长们的语言、行为、修养、操守都会潜移默化地影响着孩子的成长。因此，家长应时刻注意自己的言行，起到良好的示范作用，要以良好的品行为孩子树立学习的榜样，帮助其形成良好的生活习惯，培养其高尚的品格。

4. 积极引导，面对挫折

智障生往往经受不了挫折的打击，一旦遇到小麻烦、小挫折，就接受不了，不能正面地看待挫折带来的影响。特别是智力障碍儿童，由于智力功能性受损，无法较好地调整自己的情绪，时常会有情绪低落、沉默寡言、非常无助的时候；得不到满足就会将情绪发泄在别人身上，性格暴躁……如何培养孩子面对来自学校、社会诸方面的打击的能力，是家庭教育中需要重点关注的内容。家长要积极引导，并采用有效的方式帮助孩子习得调节情绪的技巧和方法。如转移法，情绪不佳时及时转移空间，分散注意力；提前移除导致不良情绪的因素，减少不良情绪发生的概率；教孩子学会良好的人际沟通技巧，提升交往技能等。

其实，挫折和打击并不可怕，可怕的是遇到挫折和打击时，不知道如何面对。我们要教会孩子学会面对生活的变化与不确定因素，也要学会面对因自己的不良情绪与行为而产生的后果，家长对孩子的不良情绪、行为要给予及时的缓解和制止，也要让他们承担导致的后果，接受惩戒，这样才能让他们在不断的强化下汲取教训，避免不良行为。

5.心中不悦，交流沟通

交流和沟通能使矛盾化解，使人愉悦，使人进步，使人健康。善于交流和沟通的人才拥有真正的健康。而有的智力障碍孩子容易退缩，不善于表达和沟通，遇到问题和挫折只能用发脾气等不良行为来发泄。告诉孩子，面对这样的情况可以及时跟对方说，或者寻求父母、老师的帮助。学会交流、沟通，争取别人对你的支持、帮助、理解。

三、主题教育活动小结

智力障碍儿童由于生理的缺陷，导致难以形成健全的人格和健康的心理，希望孩子们在老师与家长的共同关爱、训练、帮助下，通过科学的介入构建起健康的心理壁垒，更好地适应生活、适应社会。

第四部分　小学智障生的同伴交往

由于多种能力缺陷导致智力障碍儿童交往能力低下。交往能力低下极大地阻碍了孩子与外界的沟通与交流，增强了他们的焦虑情绪，这对他们适应社会产生了巨大的阻力。因此，培养、提升智力障碍儿童的交往能力是家庭教育、学校教育的一项重要职责和任务。

一、概念的界定

（一）同伴和同伴关系

《韦氏大学词典》将同伴定义为彼此间具有平等地位的人。邹激认为，同伴关系是指同龄人之间或发展水平相当的个体之间通过交往并且发展起来的一种人际关系。他还强调了同伴关系在青少年儿童社会能力、认知、情感、自我健康发展以及社会适应中的重要性。

良好的同伴关系是儿童心理健康发展的重要精神方面的要素，有利于他们形成自尊、自信，以及活泼开朗的性格，有利于促进其社会化及心智的发展，在儿童的发展中具有成人关系无法替代的独特作用。

（二）同伴交往

交往，是指两个以上的人为了交流有关认识性与情绪评价性的信息而相互作用的过程。结合前面的观点，儿童同伴交往是指儿童与同一年龄段伙伴之间或发展水平相当的个体之间的交往。

同伴交往是儿童学习社会交往的主要形式，对儿童的社会学习有着极为重要的作用。

（三）同伴交往能力

同伴交往能力是儿童与自己年龄相同或相仿的人在同伴交往中感受、适应、协调和处理同伴关系能力的总和，它由交往的主动性、语言和非语言能力、亲社会行为以及社交的放松性四大部分组成。同伴交往能力的实质是儿童之间交往的行为规范，良好交往能减少矛盾和冲突，使同伴关系更融洽、更和谐。

二、同伴交往的意义

（一）同伴交往是儿童身心健康的需要

我国著名的心理学专家丁瓒教授曾指出："人类的心理适应，最主要的就是对人际关系的适应。"心理学家研究发现，如果一个人长期缺乏与别人的积极交往，缺乏稳定而良好的人际关系，这个人往往就有明显的性格缺陷。在青少年心理咨询中发现，绝大多数青少年的心理危机都与缺乏正常的人际交往和良好的人际关系相关。心理学家通过大量的研究发现，健康的个性与健康的人际交往存在正相关的关系。心理健康水平越高，与别人交往越积极，越符合社会的期望，与别人的关系也越深刻。

（二）同伴交往是满足社会需要、获得社会支持和安全感的重要源泉

归属和爱以及尊重的需要是人类的基本需要。韦斯（Weiss，1974）提出的社会需求理论假设，个体在与他人不同的关系中寻求特殊的社会支持

功能，不同类型的关系提供不同的社会支持功能，满足不同的社会需求。他列举了爱、亲密、增进自我价值等6种功能。在此基础上，弗曼等人（Furman and Rubin，1985；Furman and Bugrmester，1985）进一步指出，儿童在亲密的友谊关系中和一般同伴群体中所寻求的社会需要是不同的。爱、亲密和可靠的同盟更多是从亲密的朋友关系中获得；工具性或指导性帮助、抚慰、陪伴和提升自我价值既可以从朋友关系中获得，也可以从同伴群体中获得；而归属感或包容感主要从一般的同伴群体中获得。杜旺和安德森（Douvan and Adelson，1966）特别指出了在青少年期同伴关系中友谊的功能。他们认为，前青年期和青年早期的友谊是社会支持的重要源泉，它能减少青少年对在这一特殊时期出现的急剧变化的焦虑和恐惧。艾克恩（Eichorn，1980）同样认为，在情绪不稳定的前青年期，友谊体验是安全感发展的催化剂。其实关于同伴关系的社会支持功能的论述至少可以追溯到沙利文（Sullivan，1953），他曾提出友谊的功能是互相证实或共享兴趣、希冀和分担恐惧，肯定自我价值，提供爱与亲密袒露的机会。

　　社会心理学家所做的大量研究表明，与人交往是获得安全感的最有效途径。当人们因面临危险的情境而感到恐惧时，与别人在一起可以直接且有效地减少人们的恐惧感，使人们感到安宁与舒适。人不光有生物性的安全感需要，而且还有社会性的安全感需要。当人置身于自己不能把握或控制的社会情境时，也同样会缺乏安全感。如新生入学，他们脱离了原来的家庭关系支持，新的人际关系尚未建立，因而在自我稳定感和社会安全感方面就可能出现危机。在新的人际关系建立起来之前，会一直处于高度的自我防御状态。心理学研究发现，与生物安全感的建立相似，获得社会安全感的最有效途径同样是与人交往，并由此建立稳定的人际关系。不过与生物建立安全感不同的是，一个人要获得充分的社会安全感，仅有别人的陪伴和浅层次的交往还很不够，社会安全感的本质是人与人之间的情感联系。只有通过交往，同别人建立了可靠的人际关系之后，人们的社会安全感才能得以建立。

（三）同伴交往是儿童确立自我价值感的需要

人的自我意识的保持和自我价值感的确立是通过社会比较过程来实现的。大量的科学研究揭示，人们对于自己的能力、性格与心理状态的评价，以及对人、对事、对物所持有的看法，常常是不确定的。人们要想在这些方面做出明确的判断，必须通过将自身的状况与他人的状况进行比较，找到一个参照系，并确定了自己在这一参照系中的位置之后，才能形成明确的自我评价。即一个人只有将自身置于社会背景之中，通过将自己与别人进行比较才能确定自己的价值。所以，人需要了解别人，也需要通过别人来了解自己。因此需要同别人进行交往，需要同别人建立并保持一定的人际关系。一个人必须不断地通过社会比较获得充分的信息，使自己相信自己是有价值的，才能保持其稳定的自我价值评判。如果社会比较的机会被长期剥夺，则会使人因缺乏自我状况的社会反馈信息而导致个人价值感的危机，并使人产生高度的自我不稳定感。

（四）同伴交往有利于自我概念和人格的发展

詹姆斯（James，1890）在关于成人的自我的论著中特别强调了社会关系的重要性。他相信，我们具有被我们自己所关注，被我们的同类所赞赏的本能倾向。当自己没有受到足够他人关注时，可能会对自己的价值产生疑问。库利（Cooley，1909）曾指出，无论处于何种发展水平，人们都是按照自己在社会情境中的经验来定义自己的。家人、邻居和同伴群体是最普遍和最基本的社会交往对象。在社会中相互作用，人们获得了关于自己怎样被他人所知觉的信息，这种信息被用来形成自我的基础。沙利文（Sullivan，1953）的精神病学人际理论的主要思想之一就是个体的人格是由个体的社会关系塑造的。他尤其重视同伴关系在前青年期和青年初期的重要作用。他认为，同伴为个体逐渐理解合作与竞争的社会规则和服从与支配的社会角色构建了基本框架。这一时期良好的同伴关系也是形成健康的自我概念所必需的。他区别了两种经验：同伴接纳和友谊。他认为在少年期被群体孤立的体验将导致自卑感。他把朋友定义为同性别同伴的亲密的相互关系。作为一种平等关系，这是个体第一次"通过他人的眼睛看自己"并体验到与另一个人真正的亲密。

三、影响同伴交往的因素

（一）家庭因素的影响

父母错误的教养态度与方法（冷漠、溺爱、粗暴、过分保护等）会对儿童的人际交往产生不良影响，甚至引发心理问题。溺爱和过分保护会对孩子的人格产生不良影响的认知已成共识。有些家长对儿童粗暴和过于严厉，对儿童来说是一种不愉快的经历，容易使儿童形成自卑、胆怯、孤僻和畏缩等不良心理品质，甚至通过模仿与学习，表现出攻击性行为，使同伴不愿与其交往。

缺乏交往的家庭环境会影响儿童的同伴交往。父母离异或不和对儿童的影响极大。在没有双亲或虽有双亲却没有爱的家庭中，儿童常因缺乏爱而很难有正常的安定情绪。由丧失感、挫折感、不安全感等引发的欲求不满，易使他们形成攻击、破坏的行为习惯，这对儿童与他人交往产生的消极影响是显而易见的。

（二）学校的影响

幼儿园和学校是儿童最早接触的集体生活环境，对培养儿童社会适应能力起着重要作用。儿童从家庭进入集体环境，对教师有着很强的依赖性，因此建立良好的师生关系是非常重要的。如果教师未能与儿童建立起亲密、融洽、协调的关系，就会导致儿童心理上的不平衡，从而造成儿童与同伴交往的不协调。如果教师不注意爱抚、关心、尊重和认可儿童，甚至经常冷落或惩罚儿童，就会使儿童产生不安全感，容易产生心理压力，进而形成孤僻、冷漠、不合群等特征。

米勒等（Miller et al., 1980）总结了几项相关研究发现，教师对一个儿童特征和价值的认可程度，会通过一种复杂的方式影响着其他儿童对这个儿童的接纳性。社会心理学家认为，在同伴群体中的评价标准出现之前，教师是影响儿童最有力的人物。因此，一个儿童在教师心目中的地位如何，会间接地影响到同伴对这个儿童的评价。例如，一个教师夸奖某个儿童的字写得好，其他儿童就会模仿他；如果教师经常表扬某个儿童，他也会成为同伴中最受欢迎的儿童。因为儿童希望跟他玩也受到老师的关注，或者向他学习，做老师心目中的好孩子。

（三）活动材料和活动性质

活动材料特别是玩具，是儿童同伴交往的一个不可忽视的影响因素，尤其是婴儿期到幼儿初期，儿童之间的交往大多围绕玩具而发生。玩具对儿童同伴交往的影响还体现在玩具的不同数量和特征能引起儿童之间不同的交往行为上。研究发现，儿童的活动空间过小或者没有足够数量的玩具，儿童之间的争抢、吵嘴、攻击等消极行为就会更容易发生。而在有大玩具，如滑梯、攀登架、中型积木等条件下，儿童之间倾向于发生轮流、分享、合作等积极、友好的交往行为史密斯和康诺利（Smith and Connolly, 1980）。活动性质对同伴交往的影响表现在不同游戏情境中。自由游戏中，不同社交类型的儿童表现出交往行为上的巨大差异，而在有一定任务的情境下，如在表演游戏或集体活动中，即使是不受同伴欢迎的儿童，也能与同伴进行一定的配合、协作，因为活动情境本身已规定了同伴间的合作关系，对其行为起到了制约的作用。

（四）儿童自身的特征

儿童自身的身心特征一方面制约着同伴对他们的态度和接纳程度，另一方面也决定着他们自身在交往中的行为方式。

1. 行为特征

行为特征是儿童社会能力的重要体现。儿童之所以在同伴交往中地位各异，主要是因为这些儿童具有明显不同的行为特征。受欢迎的儿童，是因为他们对同伴友好，没有明显的攻击行为。被拒绝儿童不会使用恰当的方式加入群体活动中，经常表现出许多攻击性行为。被忽视的儿童因为害羞与行为笨拙，则很少表现自己，也不攻击他人。此外，儿童在合作方面存在着相当稳定的个体差异，而且这种差异预示了儿童以后不同的社交地位。例如，早期的争吵就预示了以后的社会接纳性。如表现为合作的儿童往往受人喜欢，而被认为好争吵的儿童，即使他们以后改变了这种行为，也往往被拒斥。

2. 社交技能与策略

儿童的社交技能与策略对幼儿同伴交往也有重要影响。在儿童同伴交往过程中，当儿童掌握运用一定的有效的社交技能与策略时，他的行为才能很好地被其同伴认可和接纳，才能与同伴相处融洽。

四、智障儿童同伴交往

由于智力发展滞后的因素，智障儿童在认知、情绪、行为与个人特征方面都有一些区别于普通儿童之处，这些差别往往导致他们难以融入正常社会，而良好的同伴关系在儿童发展中具有独特的作用，它对于促进儿童的社会化以及认知的发展、儿童良好品德的形成以及社会交往能力的获得，都有一定的影响。鉴于这种功能，同伴关系为智障儿童的社会化教育提供了一个有效的途径。

（一）智障儿童在社会交往中存在的主要问题及特点

1. 人际交往意愿不高。大多数智障儿童的生活环境比较封闭，每天面对面接触的只有家人、老师。交往范围的狭小使得他们与周围人交流和沟通的欲望被钝化。另外，智障儿童心理需要水平低，活动动机层次低，心理动力系统力量薄弱，再加上神经活动存在惰性，使其思想积极性缺乏。这些因素也是导致其交往意愿不高的原因。

2. 人际认知能力低。人际认知能力是人际交往的前提和基础。但由于认知能力和是非分辨能力相对较差，智障儿童对周围事物和人物的评判标准往往不明确、不清晰，待人接物的态度易受到暗示和干扰。智障儿童人际认知能力较低还表现在不理解人际交往的规则、交往技巧贫乏等方面。交往是一个互动的过程，交往的双方在接受信息的同时也会发出反馈的信息。任何一种交往活动都有其自身独特的要求和规则，但是很多智障儿童并不了解社会交往的规则、不懂得社会交往的技巧。在与别人交谈的过程中，智障儿童特别是自闭症的孩子经常会出现听而不闻、答非所问以及随意打断别人说话的现象，这样交流活动显然无法很好地进行。

3. 情绪控制能力低。受自身因素影响，智障儿童对自身以及他人情绪的感知能力都比较弱，很多智障儿童都不能控制自己的情绪以及完成有效的情感表达，这给他们的人际交往带来了很大的困难。智障儿童的人际情绪控制力低还表现在智障儿童的人际交往活动易受环境因素的干扰，表现出交往的退缩性。一般来说，智障儿童在比较熟悉的环境中能够比较自由和随意地交往，而在相对陌生的环境中，则容易产生胆怯和退缩的心理，不太敢进行正常的人际交往。交往活动易受环境因素干扰的特性也给他们交往能力的发展造成了一定的困难。

4. 人际交往的手段不丰富，人际交往的方式不合理。交往是人与人之间进行信息交流的活动，交往手段主要包括口头语言、身体语言和书面语言三种基本形式。口语是人们使用最多的交流工具，清楚、流畅的口语能较好地保证人们完成正常的交流沟通。身体语言主要是指点头、摇头、鞠躬等基本动作。书面语言作为交流手段是指我们通过写信、写便条、写字据等方法与人沟通信息。对正常儿童而言，这三种交流形式的获得是一个稳步的学习过程，到成人阶段，他们一般都能比较熟练地使用口头语言、身体语言和书面语言来达成他们交往的目的。但是智障儿童因有不同程度的语言障碍，首先，他们无法准确地使用口语来表达自己的情感、态度和要求，这给他们的人际交往活动带来了很大的阻碍。其次，大部分智障儿童运用身体语言都有一定的困难，不会使用点头或摇头来表示自己赞成或否定的态度，不会使用微笑和其他表情来表达自己的情感。再次，受自身生理、心理因素限制，智障儿童的学习能力不高，书面语言表达能力也比较弱，尤其是中度、重度智障儿童在语法、词汇学习中存在极大困难。三种交流方式的不畅通，给智障儿童的人际交往带来极大的障碍。

5.注意力及模仿能力弱。正常学龄儿童能够掌握聆听的基本要领，听从指令，如坐、组织、参加、修正或者完成工作，这些技能大都需要注意力和模仿能力的参与，而智障儿童的注意力品质和模仿能力显然无法达到学习和掌握这些技能的要求。

（二）影响智障儿童同伴交往的主要因素

除了上述提到的影响同伴交往的因素外，对于智障儿童这一特殊群体，个体、家庭、社会三个层面会产生更多的影响。

1.个性特征的制约

智障儿童智力发展远比普通儿童滞后，解决问题的能力差，为避免遭受失败，他们倾向于依赖他人，缺乏参加团体生活的热忱；在人际交流中，他们往往消极、退缩、不合群；他们情绪不稳定、体验不深刻，控制情况的能力差，有些智障儿童具有破坏性，比如好打架、欺负弱小、不合作、捣乱、破坏、攻击他人等。这些特征都会影响良好同伴关系的形成。

2.家庭教育方法不当

智障儿童的家庭教育方法不当一般有两种形式，一类家长由于心存内疚及对孩子的怜惜，会对孩子过度保护，凡事顺从、迁就；另一类家长对孩子态度粗暴，或忽视孩子的存在，缺乏耐心的教养，这类孩子的内心充满不安全感，有的孩子更加自卑、胆小，有的孩子则以欺负弱小、不服从、反抗、捣乱等外向行为来发泄心中的不满，以反抗和敌意来应对压力。这些不恰当的教养方式会对智障儿童的心理产生危害，也严重影响了他们良好同伴关系的建立。

3.社会环境的影响

社会上仍有很大一部分人歧视智障儿童，他们认为智障儿童什么都不会。智障儿童在学校的学习活动又常有失败经验，导致他们自卑、孤僻。一方面，受到同龄团体的排斥，另一方面，他们自己退缩孤僻，想建立良好的同伴关系自然困难重重。

（三）提升智障儿童社会交往能力的方法和技巧

1. 建立起良好的同伴关系，逐步培养人际沟通能力

孩子入园以后接触最为频繁的对象是他们的同龄伙伴，在某种意义上，他们之间的互相作用对其社会化发展更胜于他们与成人之间的交往。因此，老师必须有计划地开展丰富的活动，创设有利于孩子交往的客观环境，为他们提供充分交流的机会，以利于建立良好的同伴关系。

在日常教学活动中，要为孩子提供大量的活动材料，并有意识地提供一些需要与别人共同协作才能玩的环境，调动智障儿童的主动性，在活动中逐渐培养其交往意识，使其学会与小伙伴友好交往的技能。当与同伴出现矛盾时，老师应启发孩子用正确的方式表达他们的情感，引导他们以正确的方式解决矛盾。在课堂活动时间，老师也应该鼓励他们和小伙伴一起游戏，逐步锻炼孩子处理人际关系的能力。

2. 家长积极进行同步教育，训练基本的社会生活能力

（1）引导家长积极参与孩子交往能力的培养。老师可以通过亲子活动等形式向家长宣传培养孩子交往能力的重要性，增强家长与智障儿童交流的信心，并说明家长的社会交往态度对孩子的影响，要求家长给孩子树立友好交往的榜样。同时，还可以通过不同的形式，有目的地向家长介绍有关培养孩子社会交往能力的方法，提高家长的教育能力与培养技巧。

（2）加强日常生活技能的训练。家长可以从实际出发，将一些培养方式融合在日常作息活动中，如穿衣服、脱衣服等，可以利用早、晚及午休的时间进行训练。家长进行针对性的训练有利于孩子语言沟通能力的提高。

（3）创设良好的社交环境。家长为孩子创设某种具体生动的语言环境或组织某种活动，让孩子在实际生活场景中进行观察、体验，在家长的

指导下进行沟通交流。在家庭中，家长可以用游戏法进行教育训练，可以利用废旧材料，如旧挂历、塑料瓶等为孩子提供一些玩具，或可以利用这些制作成卡片，也可以让孩子自己去画、剪、贴等，培养其动手能力。

家长还可以多带孩子从家庭走向社会，扩大孩子的社交范围，如引导孩子体验卖旧报纸等废品，然后再用卖废品所得的钱到超市去买生活用品。家长也可以带孩子去公园游玩，鼓励他们多和其他孩子交流等。

（4）增强亲子交流。家长要多与孩子沟通交流，让他们感受到来自家人最深切的关爱，增加他们敢于社交的信心。

3. 建立良好的师生关系，加强特殊教育的效果

20世纪80年代"回归主流"运动的发展，为特殊教育带来了新的教育理念，同时也给智障儿童带来了与正常孩子密切交往的机会。在幼儿园里，老师在智障儿童心目中占有独特的地位，教师对孩子的态度和行为直接影响孩子交往能力的培养和发展。因此，作为智障儿童的老师，要尊重每个孩子，多一些爱心、耐心和童心，积极了解他们心理上的需求，帮助他们克服与人交往的畏惧心理，营造一种友好和谐的氛围。

五、同伴交往主题心理健康教育实践

第13课　友好交往朋友多

【教师寄语】

同学们，我们需要家人，也需要朋友。有了朋友，我们的生活会更加美好。友谊是一种珍贵的财富。在这一节课中，同学们将体会到文明礼貌在朋友交往中的重要性。让我们一起来探索和同学、朋友友好交往的技巧吧。

【教学对象】

小学一年级轻、中度智障生。

【学习目标】

1.在日常与朋友的交往中知道要做一个有礼貌的孩子，体验知礼、懂礼、学礼的快乐。

2.初步掌握人际交往的基本交往礼仪，了解并学习拍手、握手、摆手等礼仪动作和相关用语，学习礼仪儿歌，提高人际交往的能力。

【课堂约定】

1.认真倾听，不随意打断他人。

2.举手发言，勇敢地说出自己的想法。

3.不随意批评他人的观点，用掌声对他人的发言表示鼓励。

【资源准备】

1.同学日常相处的相片。

2.《找朋友》音频及律动编排。

3."文明礼貌大闯关"游戏。

【教学流程】

一、热身活动：学习儿歌《找朋友》

学唱歌：找呀找呀找朋友，找到一个好朋友，敬个礼，握握手，你是我的好朋友！找呀找呀找朋友，找到一个好朋友，敬个礼，握握手，你是我的好朋友！再见！

二、主题活动一：生活放大镜

出示同学间相处的照片，讨论：这是在什么地方？相片里的人都是谁？他们会说什么呢？

图1：早上，同学在校门口见面的场景。

图2：课间，红红不小心踩到明明的脚的场景。

图3：慧慧把铅笔借给俊俊的场景。

图4：放学，同学们在校门口分别的场景。

三、主题活动二：文明礼貌大闯关

游戏规则：邀请大家一起登上一列特殊的列车，这趟列车是驶向礼貌王国的。老师是本次列车的列车长，同学们是乘客。途中，列车将经过四个站口，接受重重考验。全体乘客只有齐心协力，才能战胜困难，领取"通行证"，保证列车畅通无阻，顺利到达礼貌王国。

第一关：朋友见面怎么问好？

第二关：朋友帮助了你，你要说什么？

第三关：和朋友分别时要说什么？

第四关：撞到别人时要怎么说？

闯关内容可以根据学生实际进行更换。

1. 观看图片。
2. 教师引导学生用礼貌用语进行对话。
3. 情境表演。

小结：同学们回忆一下，刚才我们闯过了哪四关？（学生根据图片回忆）学会了哪些礼貌用语？（齐生读礼貌用语）

四、拓展活动

1. 律动：找朋友

播放音乐《找朋友》，要求学生根据歌词内容做动作。

第四部分　小学智障生的同伴交往

教师示范游戏玩法："找呀找呀找朋友，找到一个好朋友"（拍手随节奏自然走动）；

"敬个礼，握握手"（找到一个好朋友握握手）；

"你是我的好朋友"（拉起双手看着对方，高兴地随节奏左右晃动）；

"再见"！（挥手告别）。

提示：鼓励学生每一次游戏都要找不同的朋友。通过律动，感受怎样与好朋友相处。

2. 观看图片，学习与好朋友友好相处的方式（也可以用同学友好相处的生活照）。

（1）观察图片。

（2）说说在不同场合中怎么与好朋友相处。

五、课堂总结

今天这节课，同学们学会了一些礼貌用语，也知道了应该怎样和同学、朋友友好相处，相信同学们以后一定会做一个和同学友好相处的好孩子。

六、课后作业

交新朋友：在课间活动的时候尝试交新朋友。

【课外拓展】

同学们回家后告诉爸爸妈妈自己有几个好朋友，与他们分享交朋友的乐趣。

第14课　团结就是力量

【教师寄语】

一个人的力量是渺小且有限的，只有大家团结起来的力量才是无穷的、巨大的。我们在学校运动会上取得的好成绩就是同学们一起努力的结果。同学们，那你们知道什么是"团结"吗？这节课，让我们一起来感受团结的力量吧。

【教学对象】

小学一年级轻、中度智障生。

【学习目标】

1. 懂得团结起来力量大的道理，懂得合作的重要性。

2. 在活动中学习与他人合作的方法，学会与人合作。

3. 通过交流、沟通、自主实践，感受与他人合作的快乐。

【课堂约定】

1. 认真倾听，不随意打断他人。

2. 举手发言，勇敢地说出自己的想法。

3. 不随意批评他人的观点，用掌声对他人的发言表示鼓励。

【资源准备】

1.《拔萝卜》的音频，《团结就是力量》的视频。

2. 一次性筷子若干。

一、热身活动：欣赏歌曲《团结就是力量》

教师播放歌曲，学生安静欣赏。

二、主题活动一："折筷子"游戏

1. 教师讲解游戏规则：先折一根筷子，再折三根筷子，最后折七根筷子。

2. 伴着《团结就是力量》歌曲，同学们进行"折筷子"的游戏。

（1）每位同学折 1 根筷子。

（2）每位同学折3根筷子。

（3）每个小组派一位同学尝试一次折7根筷子。

3. 游戏结束后，请学生谈一谈心得体会。

4. 教师小结：一根筷子很容易被折断，七根筷子牢牢抱成团。从刚才的游戏中，我们明白：很多时候，只有大家团结起来，才能更加强大。

三、主题活动二："拔萝卜"游戏

1. 播放歌曲《拔萝卜》，请一位力气大的男老师扮演"萝卜"，请一位同学来"拔萝卜"。

2. 思考：一位同学的力气不够大，"萝卜"拔不出来，怎么办？

3. 引导学生请其他小伙伴帮忙，一起合作，把"萝卜"拔出来。

4. 教师小结：没有小伙伴的帮忙，"萝卜"能拔出来吗？大家共同完成一件事叫作"合作"。这个"萝卜"就是大家合作拔出来的。

四、拓展活动

1. 教师：世界上的很多事情都是需要我们团结合作才能完成的，在我们生活中还有哪些事情是需要团结合作的呢？

2. 引导学生举例，如做值日、班级活动、家庭劳动等。

（1）观察图片。

（2）说说在不同的时候怎样进行合作。

五、课后作业

在课后与同学一起合作，共同完成班级劳动，理解"团结就是力量"的道理。

【课外拓展】

和家人一起读《三个和尚》的故事，说说自己的感想。

第15课　友谊桥

【教师寄语】

人的生活离不开友谊，朋友是除了家人之外，我们相处时间最长的人。我们的生活，少不了友情的滋润，当然也离不开朋友的影响。那同学们知道怎样建立和维护友谊吗？这节课，让我们一起走进朋友的世界，学习架起友谊的桥梁吧。

【教学对象】

小学二年级轻、中度智障生。

【学习目标】

1. 通过活动，体会友谊带来的欢乐，学会建立和维护友谊的方法。
2. 懂得与同学相处要宽以待人，严于律己，从而增进同学之间的感情。

【课堂约定】

1. 认真倾听，不随意打断他人。
2. 积极参与课堂活动，勇敢地表达内心真实想法。
3. 不随意批评他人的观点，用掌声对他人的发言表示鼓励。
4. 参与游戏之前，要认真听老师讲规则，保持专注的状态。

【资源准备】

1. 音频《找朋友》。
2. 绘本故事《朋友桥》。

【教学流程】

一、热身活动：找朋友

游戏规则：

1. 教师讲解游戏规则并进行示范，全班同学围成一个圈。

2. 随着音乐边唱"找呀找呀找朋友，找到一个好朋友"，边拍手踏步走到所要邀请的同学面前。（请 A 生做邀请者，助教辅助 B 生、C 生参与游戏。）

3. 随着音乐唱"敬个礼，握握手"，被邀请的同学站起来，相互敬礼、握手。

4. 随着音乐唱"你是我的好朋友"，两人手拉手互换位置，邀请者坐在被邀请者的座位上，被邀请者成为邀请者，游戏继续。

二、主题活动一：绘本故事《朋友桥》

1. 教师讲述绘本故事《朋友桥》：独自住在河边的兔子内斯特一直过得很舒心，直到河对岸搬来一位总是制造各种"动静"的新邻居。这位新邻居建好房子后，竟然又在河对岸建了半座桥……

2. 教师小结：人的生活离不开友谊，它是人类美德的种子，老师希望同学们能够找到更多的好伙伴，能够和小伙伴们共同学习、共同进步，成为一名有礼貌、爱学习的好孩子！

三、主题活动二：神奇的友谊桥

1. 化解矛盾：在班级里，你和同学发生过不愉快的事情吗？勇敢地说出来，我们一起想办法解决。

2. 教师出示学生的照片，帮助学生回忆。双方站在"友谊桥"两边，对所发生的不愉快的事情进行沟通。

3. 事情解决后，从"友谊桥"的两边走向对方，给对方一个拥抱和微笑。

四、拓展活动

你还有什么话想对你的好朋友说？大胆地表达出来吧！

五、课后作业

1. 你的好朋友是谁？给你的好朋友送上一个大大的拥抱吧！
2. 和家人分享一些自己和好朋友之间的趣事。

【课外拓展】

你还想和谁建立友谊？主动去认识他/她吧。

第16课　让自己受欢迎的小秘密

【教师寄语】

在学校里，我们认识了很多新朋友，与很多同学都建立了友谊，那同学们知道哪些小朋友的行为是大家都喜欢的，哪些小朋友的行为是大家都不喜欢的吗？怎样做才能让自己被大家所喜欢呢？在这一节课中，我们将一起去探索那些让自己受欢迎的小秘密，学习如何去做一个受欢迎的人。

【教学对象】

小学二年级轻、中度智障生。

【学习目标】

1. 能明白受欢迎的含义。
2. 能认识到自己人际交往的现状，清楚怎样做才是大家都喜欢的，怎样做是大家都不喜欢的，找到自身的不足。
3. 了解身边受欢迎的人身上的优秀品质，知道什么样的言行是受欢迎的，懂得如何去做一个受欢迎的人。

【课堂约定】

1. 认真倾听，不随意打断他人。
2. 积极参与课堂活动，勇敢地表达内心真实想法。
3. 不随意批评他人的观点，用掌声对他人的发言表示鼓励。
4. 参与游戏之前，要认真听老师讲规则，保持专注。

【资源准备】

1. 小兔子视频邀请函（"大家喜欢"和"大家不喜欢"两类人的行为表现）。
2. 《小动物走路》音频、表情图片，"大家喜欢"和"大家不喜欢"的两种行为示意图片。
3. 班级合照图片。

【教学流程】

一、活动导入

教师播放小兔子的视频邀请函，一起帮小兔子找到"让自己受欢迎的小秘密"。

二、热身活动：不一样的表情

1. 老师分别做出开心、生气的表情，请同学们说出喜欢哪一种表情。
2. 小小评选会：说说班级里最受欢迎的同学是谁，为什么。

三、主题活动一：我来当评委

1. 观看视频：老师播放提前录制好的"大家喜欢"和"大家不喜欢"两类人的行为表现的视频，同学们根据所看的视频，想一想，谁会成为受欢迎的人？为什么？

2. 讨论：大家都喜欢的小朋友是什么样的？大家都不喜欢的小朋友是什么样的？

3. 总结：

大家喜欢的小朋友是：有礼貌、乐于助人、有责任心、爱笑、宽容、热情……的

大家不喜欢的小朋友是：说谎、爱哭、爱生气、没有礼貌、不讲文明、欺负同学……的

四、主题活动二：受欢迎的小秘诀

1. 教师讲解规则。

规则：全体起立，当音乐声响起后，森林舞会正式开始，同学们一起伴随着音乐学小动物走路。音乐停止时，和离自己最近的同学打招呼。

第一步　向对方挥挥手并说："你好！"

第二步　向对方竖起大拇指并说："你真棒！"

第三步　拥抱对方说："加油！"

音乐再次响起后，舞会继续开始。

2. 学生开始进行游戏。

3. 游戏结束后大家谈一谈感受。

五、拓展活动

1. 回顾活动并思考：让自己更受欢迎的行为有哪些？
2. 同学之间分组讨论。
3. 请学生进行心得分享。

六、课后作业

把自己知道的"让自己受欢迎的小秘诀"和自己的好朋友进行分享。

【课外拓展】

同学们回家后,与家人一起分享自己受欢迎的小秘密,并指出家人身上有哪些行为是受欢迎的,哪些行为是不受欢迎的。

团体辅导第 7 课　真诚赞美朋友多

【活动目的】

1. 学会挖掘自己和其他人身上的优点。

2. 学会表达对其他人的欣赏和赞扬,掌握一些赞美别人的方法和技巧,也让其他人了解自己身上的优点,提升自信心。

3. 学会换位思考,提高人际交往的能力,增强小组的凝聚力。

4. 能正确认识自己,接纳自己,意识到真诚赞美别人在人际交往中的重要作用。

【辅导重点】

学会表达对其他人的欣赏和赞扬,掌握一些赞美别人的方法和技巧,提高人际交往的能力。

【辅导对象】

小学一年级轻、中度智障生。

【活动时长】

1 课时。

【辅导流程】

一、团辅主题导入活动

活动概述:我们在看别人的时候,很多时候都只是关注他们身上的

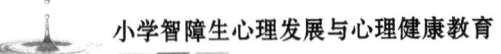

缺点，却忽略了那些显著的优点。有时候，换个角度去看别人，一切都会变得不一样，自己会变得轻松很多，别人也会回报予你感激和欣赏。

活动流程：教师先在白板上画一个黑点儿，然后指着白板提问学生："这是什么？"

活动规则：老师提问"这是什么"，若大家能答出"一个黑点儿"，老师则可引导学生再次观察，除了黑点儿以外，还有一块大的白板；若有学生说出"这是白板"，教师则要及时表扬和鼓励学生。

注意事项：学生回答错误时，教师不要急于批评，要积极引导。

二、团体主题活动一：游戏"抽纸条"

活动概述：每个人身上都有优点，但是很多时候自己却并没有意识到，那就需要大家一起去发现，去挖掘。

活动流程：教师在一个盒子里面放一些纸条，上面写着每一位小朋友的名字，请小朋友轮流上前来抽，看看抽到的是谁的名字。

活动规则：

1. 被教师点名的学生从盒子中抽出一个写有同学的名字的纸条。
2. 请全班同学来帮他找一找优点。

如："×××很爱笑""×××经常帮助他人""×××很勇敢"……

3. 把写有他们优点的优点卡，贴到优点树上。

注意事项：尽可能去挖掘学生身上更多的闪光点，增加学生的自信心。

三、团体主题活动二：夸夸身边的小伙伴

活动概述：当有一个人赞美自己时，自己有什么样的感受？如果有多人一起给予自己赞美，自己又是什么样的感受？当赞美自己的人用不同的语气和表情时，自己的感受是否也会有所不同？

活动流程：以一个学生为例，去夸奖和赞美他/她。

活动规则：

1. 看着对方，面带微笑。

2. 态度真诚，发自内心。

3. 实事求是，用词准确。

注意事项：在夸奖别人时，态度要真诚，要保持微笑。

四、团体活动小结

懂得欣赏别人，真诚地赞美身边的家人、朋友、亲戚、邻居等，能使人感到温馨和快乐，可以激发个人的自信和希望，激励自己不断进步。

团体辅导第8课　携手共进

【活动目的】

1. 增进同学们彼此之间的感情，使其尽快融入团体中。

2. 让同学们能够学会寻求他人的帮助，在团队中发挥自己的作用，增强团队的凝聚力。

3. 认识小组合作的重要性，小组成员能体验到团队合作带来的愉悦感和成就感。

【辅导重点】

进一步培养同学们的团队合作意识，提高他们在集体学习和活动中的团队精神，加强班级凝聚力。

【辅导对象】

小学二年级轻、中度智障生。

【活动时长】

1课时。

【辅导流程】

一、团辅主题导入活动

活动概述：每个人都有一个舒适区，舒适区好似自身温度计。通过"奇妙口香糖"的游戏，能让不同人的身体部位进行接触，打破彼此之间的距离感，增进了彼此间的亲密度。

活动流程：开始游戏后，全体同学一起问发令员"口香糖，粘什么"，发令员开始发令，比如"口香糖，粘手掌"，则所有人必须迅速找到另外一个人，彼此的手掌相贴；剩下的一个人，则成为下一个发令员，原来的发令员回到队伍中。然后，大家继续问"口香糖，粘什么"，发令员继续发令。

活动规则：先计算一下人数，如果是双数，则先请一个人做发令员；如果是单数，则由老师先做发令员。最后请所有做过发令员的人（第一个发令员除外），一起上台表演节目。

注意事项：教师在活动过程中要时刻关注学生的安全，以免发生意外伤害。

二、团体主题活动一：过大河

活动概述：在小组活动中，大家只有相互帮助，密切配合，才能携手共进。在"过大河"游戏中，学生能在学中玩、玩中学，体验合作的重要性和团队的力量。

活动流程：将全体学生分成若干个小组，看看哪组能最快过河，只有小组成员全部过了大河才能获胜。

活动规则：

1. 三个人为一小组，每组有五张报纸。
2. 划定起点和终点。
3. 将报纸对折，让学生一个接一个踩在报纸上从起点走到终点。

4. 如果中途有人没有踩到报纸，则全组回到起点，重新开始。

5. 最快完成的小组每人获得两朵红花，另一组每人一朵。

6. 时间允许时，可以重新分组，再来一遍。

注意事项：

1. 先请几个学生一同示范，以使其他学生理解游戏规则。

2. 注意过大河的安全问题。

3. 过大河时，如果报纸破了，可以更换报纸。

三、团体主题活动二：背靠背运球

活动概述：背靠背运球可以加强同学们的配合能力，提高两人之间的合作沟通能力，并提升协调控制能力。

活动流程：将所有人员分为若干组，每组两名学生，每组5个篮球。小组成员之间背靠背运球，最先完成运球任务的小组获胜。

活动规则：两人背对背站着，把气球放在背对着的两人中间，两人夹着气球，把气球运到终点，重新返回起点，直到5个球全部运到终点，最快把5个气球运到终点的小组获胜。

注意事项：从终点返回起点时不需要背靠背，只有在运球的时候需要背靠背合作。

四、团体活动小结

1. 请学生分享一下今天参与团体辅导的感受。

2. 教师小结：今天的小组比赛，大家完成得非常棒，让我们把掌声送给自己。希望大家不仅在游戏中可以体会到团队力量的强大，在游戏后，也要学会与他人团结合作，多沟通交流。老师相信大家一定可以做到！

家育课堂第4课　用心引导　提升孩子交往能力

【活动目的】

1. 让家长知道提升智力障碍儿童社会交往能力的重要性。
2. 让家长了解智力障碍儿童在社会交往中存在的主要问题。
3. 让家长知道提升智力障碍儿童社会交往能力的技巧及方法。

【辅导重点】

让家长知道提升智力障碍儿童社会交往能力的技巧及方法。

【辅导对象】

学校智力障碍学生的家长。

【活动时长】

1课时。

【辅导流程】

一、主题教育活动一：导入

我们都非常清楚，伴随着孩子不断长大，他们终有一天会离开学校、融入社会，在社会中生存、生活。在孩子成长的过程中，家长是他们的首任教师，也是不可缺少的教师，我们要共同为孩子扫除成长路上的一些障碍。今天，我们要突破的障碍之一就是孩子的交往问题。

二、主题教育活动二：育儿讲座

（一）提升智力障碍儿童社会交往能力的重要性

家长们是否发现，随着孩子年龄的增长，我们越难和他们进行沟通？这是因为孩子的大脑发育迟滞，听力差，记忆的组织能力弱，使得他们语言能力的发展受到极大程度的限制，简单来说就是"听不懂"也"说不清"！从而导致他们的交往能力非常弱，严重阻碍了孩子与外界的沟通与交流，对孩子今后更好地适应社会产生了巨大阻力。因此，培养、提升我们孩子的交往能力，对他们融入社会生活、生存有着巨大的推动作用，而扫除这个障碍是家长和老师的共同任务，需要我们一起沟通协作完成。

（二）智力障碍儿童在社会交往中的主要问题和原因

1. 互动活动

（1）孩子在交往中出现的问题

播放视频：《我好孤独》

讨论：视频中的小朋友在交往中出现了哪些问题？

（不太敢接近同学、霸道、被排斥、被孤立、被嘲笑、不爱说话……）

（2）家长（发言）：自己的小孩有哪些不合群的问题？

2. 孩子不合群，可能是……

（1）与性格有关

每个孩子都有自己的个性特点，或内向、或任性、或霸道、或……又因身心障碍，在注意力、交流、解决问题、认知、感知等方面存在这样或那样的问题，影响了社会交往能力的发展，加之孩子们无法自我约束，就显得更加不合群。

（2）运用语言的能力较差

智障儿童存在不同程度的语言障碍，他们很难准确、到位地表达自己的想法和意愿，也没办法充分理解别人说的话，别人就更难理解他们的需求，这就造成了沟通障碍，严重影响了孩子与其他人的交往。

（3）家长的过度保护

家长不敢让孩子出去，总是担心孩子会出现各种各样的安全问题，还担心被别人看不起，所以任何事情都给孩子包办，导致孩子在与人交往方面没有得到相应的锻炼的机会。

（4）家长没有教给孩子与同伴交往的基本技能

和过度保护一样，家长总是习惯包办孩子所有的事情，孩子之间出现争吵、小矛盾之类的问题，大人总是出面帮忙解决，没有教给孩子与他人交往的技能；也有部分家长觉得自己不会教，加之工作繁忙，导致孩子缺失人际交往方面的指导。

（5）共同注意力以及模仿能力弱

人和人之间交往的技能包括哪些？根据相关的研究，学龄儿童的交往技能包括认真听，服从指挥，按要求坐好，参加、拒绝或者完成活动，等等，这就要求孩子能听得懂、说得清楚，有明确的活动意愿（愿意或不愿意）及独立完成活动的能力。这些活动中的很多要求都是通过注意倾听、认真观察、自主思考、用心模仿才能做到的，那智障儿童可不可以做到注意倾听、认真观察、自主思考、用心模仿呢？显然这些要求是我们孩子还没办法达到的。

（三）提升智力障碍儿童社会交往能力的方法和技巧

1. 加强语音听力训练

智障儿童虽然不能完全听懂别人的言语，但是他们对其他声音的反应还是很灵敏的（如有的孩子一听到音乐就会跟着哼唱或随之跳舞，有的孩子听到某种声音会情绪失控，等等），这说明他们的听觉并没有问题，而只是在"语音听力"上存在着一定的缺陷。要提高他们在"语音听力"方面的能力，我们可以在家里训练"注意听"的习惯以及提高语音听力。

（1）培养孩子安静、专心听别人讲话的习惯。比如，听爸爸妈妈说话时要保持安静，不能大喊大叫、东张西望或走来走去，要耐心地听爸爸妈妈讲完话。（家长在讲话时要注意：一次不能讲太多或太长的句子；在讲话过程中，不要走来走去或做其他事情；讲话的时候可以蹲下来或坐下来，与孩子平视；保持平和的语气。）

（2）逐步理解听到的内容，明白别人讲话的意思。这里可以从简单的句子开始，逐步提高难度。首先，从比较简单、要求单一的句子开始练习，如"摸摸你的耳朵""给妈妈拿拖鞋"，指导孩子重复说句子并完成动作。其次，逐步提高句子的难度，如"你去把桌子擦干净，再把门口的垃圾扔到垃圾桶里。"接着，等孩子的口语表达能力提高后，可以在日常多进行一些复杂的聊天对话，如"你的好朋友是谁呀？你们今天一起玩了什么游戏？""这集动画片讲的是什么？""周末你想去哪里玩？"等。

进行语音听力训练，让孩子慢慢"学会听""听得懂"，才能进一步为"说"的能力的培养打下良好的基础。

2. 加强言语训练

说话是社交能力的核心。言语训练其实就是说话的训练，有条件的家长可以对孩子进行发音、拼音、认读词语等内容的训练；也可以是日常生活中随时随地进行的对话。

（1）根据孩子的说话能力进行语言训练（引导孩子多说话）

①不会讲话或只能发出声音的孩子：可以教他们模仿发音，指认具体事物，或用肢体动作表达与声音对应的意思。

②一次只能说出几个字的孩子：从字到词再到短句子一步步训练，要求他们看大人的口型说或对着镜子模仿，尽量把话讲到最清楚的程度。

③吐字不清、说话不连贯的孩子：训练时要求他们放慢语速，一字一词一句讲清楚、说完整，反复练习。

④语言表达能力比较强的孩子：在训练时（回答问题和讲话）要求他们讲完整，说话要连贯。

播放视频：轩轩学习"大家好"，轩轩主动说"想看手机"。

小结：家长有意识地对孩子进行训练。家长在日常生活中多练习对话。（父子之间保持同样的高度进行对话，爸爸一直鼓励和纠正孩子）

（2）积累词汇（会说各种事物的名称）

在日常生活中，家长可以利用家里、小区、市场和就近所有的人、物品、环境、事情，教孩子说对人的称呼和物品的名称，如：亲戚的称呼，常见的动植物、学习用品、劳动工具、水果、零食、家具餐具、商品等名称。

3. 开阔眼界，积累知识

智障儿童因为各种原因导致生活面比较狭窄，知识贫乏，阻碍了他们智力的发展，也影响了各种能力的提高。因此，家长可以经常带孩子走出去，多接触社会生活和大自然，有利于孩子们学习一些和外界接触的规则与方法，对他们将来自立于社会是有好处的。

播放视频：来自一位智障儿童妈妈的分享。

小结：我非常欣赏这位妈妈，她没有把自己的女儿"藏起来"，而是大大方方地带她出去和同事、朋友一起玩。智力障碍儿童在成长过程中，是会出现智力退化问题的，但这位妈妈因为一直带女儿出去接触大自然、接触社会、接触不同的人，不断教给孩子听、说、读的技能，到目前为止，这个孩子不仅没有退化，交往能力还得到了极大的提高。

我们通过学习这些案例，可以尝试利用周末或节假日的时间，带孩子去爬山、散步；到游乐园玩机械游戏；到菜市场、超市买东西；到大街上看交通警察指挥交通；帮孩子报名参加画画、游泳等兴趣班；带小孩参加单位组织的活动……这样不仅可以极大地扩展孩子的知识面，还有利于提高他们的独立能力和人际交往能力。

4.进行交往指导与训练

进行交往的指导与训练，是培养智障儿童听说读写能力的终极目标。

（1）营造良好的交往环境

宽松、包容、和睦的氛围，是智障儿童进行交往的环境基础，是必备的外部环境条件，因此，家长在家庭环境中也要营造出宽松、温馨的氛围，学会"蹲下来"与孩子平视的对话，这样才更有利于孩子言语能力的提高。

（2）传授必要的交往技巧

由于智障儿童的接受能力较弱，在交往技巧训练时应着眼于小处，如专心听别人讲话不吵闹，接待客人和到别人家做客时要有礼貌，和小朋友进行分享，学会排队和谦让，不打人，讲卫生，等等。

要训练过程中要注意以下几点：第一，家长要了解孩子的个性特点（如性格内向还是外向，语言表达的清晰程度，情绪敏感点，饮食习惯特点，不喜欢干什么，等等），顺应孩子的特点，慢慢摸索，循序渐进；第二，练习的起点要低，要做到小步子、多循环，不能操之过急；第三，家长要以身作则，给孩子做好榜样，并适时引导孩子观察和模仿；第四，根据孩子的表现给予表扬和适当奖励。

三、主题教育活动小结

培养孩子的交往能力是一项长期的工程。家长要正确看待孩子智力发展方面的障碍，接受孩子的不足，在家庭教育的过程中多些耐心和陪伴，大大方方地带孩子出去接触社会，使"听""说"能力的训练和交往技巧的培养相结合，就能有效促进孩子言语能力和理解能力的发展，从而提高他们的交往能力，帮助他们更好地融入社会。

第五部分　小学智障生的情绪认识与管理

哲学家萨特（Sartre）认为："情绪是人们赋予世界以意义的方式。"人人都体验过各种情绪，如开心、愤怒、悲伤、恐惧等。人们对事物的理解和看法不同，产生的情绪也不同。同时，情绪也时刻影响着人们的身心状态与行为。无论处于哪一个年龄阶段，都需要学会不同程度的情绪管理。作为小学教师，应积极引导学生进行相应的情绪认识，教会学生一定的情绪管理方法，而学生中的特殊群体——智力有一定缺陷的学生（智障儿童）则更需要我们去关注。智障儿童是指智慧明显低于一般水平，在成长期间（即十八岁前）在适应行为方面有缺陷的儿童。

一、认识智障儿童的情绪

（一）情绪的基本定义

一般认为，情绪是以动机的愿望和需要为中介的一种心理活动，是个体与环境之间某种关系的维持或改变，属于一种混合的心理现象，由独特的主观体验、外部表现和生理唤醒三部分组成。情绪具有复杂性、多样性、差异性、多变性等特点。

（二）智障儿童情绪的特点

大部分智力障碍儿童在情绪能力上存在缺陷，主要特点为：复杂情绪少，情绪冷漠，难以控制情绪，容易暴躁和情绪转移，不针对具体的人和事，并且在识别面部表情、理解情绪、表达情绪上均存在困难。具体表现为一定的情绪障碍，主要有以下几点。

1. 情绪波动性大，难以控制。情绪波动是正常的心理现象，每个人的情感反应也略有不同。智障儿童情绪障碍表现为情绪波动大，难以控制，有别于一般正常的情感反应以及情绪波动。智障儿童常常出现情绪过度波动且伴有言语混乱、社会性行为消退等变化，情感反应出现程度强烈、持续时间长、与所处环境不相符等异常情况。

2. 情绪接收能力弱。智力障碍儿童在日常交流中，难以发挥情绪传递信息与沟通交流的作用。情绪接收能力往往是通过情绪情感的外部表现体现的，表情是情感传递的窗口，智障儿童对他人的表情信息接受能力差，往往无法正常理解表情背后的信息，也很难通过表情表达自己的思想或心情。

3. 情绪智力水平低。情绪智力，简称情商，由美国耶鲁大学的萨罗威（Salovey）和新罕布什尔大学的玛伊尔（Mayer）提出。它是指个体监控自己及他人的情绪和情感，并识别、利用这些信息指导自己的思想和行为的能力。智力障碍儿童很少关注他人的情绪，并普遍存在面部表情识别困难和情绪韵律感知缺陷，尤其对各种负性情绪表情存在理解困难。智力障碍儿童的典型症状就是缺乏共情，当他人产生恐惧、伤心或快乐等情绪的时候，智力障碍儿童难以识别该情绪并做出适当的回应。因此许多研究将智力障碍儿童的情绪能力缺陷归因于共情缺损，共情缺损会使智力障碍儿童难以掌握社会理解、社会交往与融合等技能。

4. 智障儿童情绪的表现方式单一且伴有不当行为。情绪的表现形式是多种多样的，喜、怒、哀、惧四种基本类型及复合类型是情绪的表现形式。实验研究发现，智力障碍儿童不仅不会积极主动地表达自己的情绪，还会用不当的行为来表达情绪，比如通过尖叫、摇头晃脑等表达开心，用哭闹、重复某个短句、拍打自己或别人表达生气等。智力障碍儿童在面部情绪表达上与同龄普通儿童相比，有明显的差异，主要表现为面部表情种类少和不合时宜。面部表情以消极情绪和复合情绪为主，表达消极情绪较多，更具有对立性，也更易怒；表达积极情绪较少，且难以与他人产生共情。

二、智障儿童情绪的调节

情绪理解能力作为一种社会情绪能力，发展水平的高低影响着个体相关能力的发展，因此，也就成为个体发展和社会适应的良好指标，对于智力障碍儿童心理健康人际关系的建立、社会交往能力的提高有重要影响。智力障碍儿童处于情绪发展的关键期，发展明显落后于普通儿童。影响情绪理解能力的因素有很多，比如儿童的认知水平、心理的发展水平、亲子情绪交流的频率、教师情感的表达和调控、同伴的交往和互动等。

（一）智障儿童情绪管理要点

1.缓解紧张情绪。智障儿童尤其容易因环境改变而产生紧张情绪，甚至失控，做出过激行为，更容易被同伴疏远、歧视、排斥，难以适应正常的学校生活。因此要让紧张情绪得到缓解。缓解紧张情绪，智障儿童不仅要增强感知情绪、表达情绪的能力，更要学会合理释放情绪，这都需要教师、家长及周围环境的积极正向的引导。紧张情绪的释放，可以采取外界辅助的手段，如阅读绘本、亲子共读、音乐疗法、艺术疗法等，让智障儿童以相对轻松的方式释放紧张情绪。

2.增强情绪感知、表达能力。情绪表达及认知能力的发展是儿童社会化过程中一项重要的发展任务，对儿童社会交往能力的发展有重要的影响，从而能增强儿童对生活的兴趣。智障儿童的情绪感知能力普遍较低，需要引导智障儿童体验、感受不同的情绪，并积极鼓励智障儿童表达对不同情绪的体验与看法，不断锻炼、提高智障儿童对情绪的感知、表达的能力。此外，积极情绪有助于智障儿童从中获得幸福感，正向强化感知、体验情绪的积极性，所以在这个过程中更应着重增强积极情绪的感受与体验，鼓励智障儿童与外界建立积极正向的沟通。

3. 增强情绪理解能力。情绪理解能力作为一种社会情绪能力，发展水平的高低影响着个体相关能力的发展，因此，也就成为个体发展和社会适应的良好指标，对于智力障碍儿童心理健康人际关系的建立、社会交往能力的提高有重要影响。智力障碍儿童处于情绪发展的关键期，发展明显落后于普通儿童。影响情绪理解能力的因素有很多，比如儿童的认知水平、心理的发展水平、亲子情绪交流的频率、教师情感的表达和调控、同伴的交往和互动等。采用情绪绘本教学、亲子绘本共读等方式，对智障儿童情绪理解能力有很大的影响，使智障儿童的情绪理解能力得以提高。因此，要充分利用富含情绪的社会性内容的绘本，加强智障儿童同伴之间的社会互动，倡导家庭成员的情绪表露。

4. 提高对事物的兴趣。兴趣是一种具有良好适应作用的情绪状态。兴趣与愉快的相互作用为认知和创造提供最优的情绪基础，大脑也处于最优的兴奋状态，有益于情绪健康。教师课堂教学应该以生活化内容为出发点，使智障儿童对生活的不同活动产生浓厚的兴趣，使其能对不同新旧事物或对变化着的事物进行进一步探索，并在引导下增强有意注意的维持。

（二）智障儿童情绪管理的具体方法

情绪调节的方式方法是多种多样的，适合智障生情绪调节的基本方法有以下几种。

1. 绘本阅读法。智障儿童由于认知能力低下、思维刻板、语言发展迟缓甚至无语言能力，情绪理解能力与普通儿童存在很大差异。绘本的直观性、趣味性、生动性等优势对于智障儿童而言，有很强的吸引力，可以很好地帮助智障儿童理解生活性常识、提高共情能力。（如《我的情绪小怪兽》）

2. 艺术发泄法，也叫艺术治疗法。用合理的艺术的方式来排解心中的烦恼、悲伤，从而达到调节情绪的方法叫发泄法。在掌握文字表达方式之前，儿童可以借助符号、线条、色彩、以物代物等方式来诠释自己的内心世界，或表达自己的欢喜，或发泄心中的委屈，或描绘异想天开的梦幻世界，或画连他们自己都不明白的图画。艺术创作不但为智障儿童提供表达、发泄的途径，还为我们了解智障儿童的真实内心世界提供了帮助。

3. 积极暗示法。心理暗示是指通过语言动作，以一种含蓄的方式，对他人（或自己）的认知、情感、意志以及行为产生影响的心理活动过程。心理学家巴甫洛夫认为：暗示是人类最简单、最典型的条件反射。心理暗示是情绪调节的有效方法，通过自我暗示可以消除消极的情绪。暗示分"自我暗示"和"他人暗示"两种："自我暗示"是指自己将某种观念暗示给自己，以改变自己的情绪和行为。"他人暗示"是指将某种观念或行为，通过语言等信号暗示给他人，从而达到改变情绪和行为的效果。教师和家长在日常生活中帮助智障儿童进行情绪调节时，要善于利用鼓励式、引导式的语言对智障儿童进行暗示，以达到情绪调节、提升自制力的效果。

4. 转移注意法。有意识地转移、分散对引起烦恼的事物的注意力，或把自己的情绪转移到其他事情或活动中去，使情绪得到缓解的方法称为转移法。例如，智力障碍儿童由于课程设置临时发生改变或环境突然变化等原因，情绪激动暴躁，需要教师及时转移孩子的注意力，可以用玩具吸引孩子的注意力，或带领其到情绪宣泄室进行情绪宣泄，转移注意力。

5. 幽默互动法。幽默是情绪的调节剂，用幽默的语言让智障儿童自然地放松甚至发笑，缓解智障儿童紧张、不安等情绪。

6. 游戏放松法。游戏是幼童初期学习方式之一，备受儿童喜爱。如果想要让智障儿童在游戏中得到放松并且学会情绪控制的方法，可以在课堂活动中适当加入与情绪有关的主题游戏环节，在游戏进行的过程中多观察智障儿童的反应，根据接受程度、积极程度、情绪变化等方面进行适当的调整，让智障儿童在相对活跃的氛围中放松情绪，也大大提升智障儿童的团体融入度，让其拥有稳定的情绪状态。

7. 改变认知法。家长或教师需要用耐心温和的语言稳定智障儿童情绪，帮助智障儿童改变对事件的消极看法，设法帮助孩子减少消极事件对心情的影响，引导其把注意力放在今后怎样避免发生类似问题上。

总的来说，智障儿童由于生理的原因，具有情绪能力方面的缺陷，辅助智障儿童进行情绪管理具有一定的难度，所以尤其需要家长、学校、社会多方面给予更多的耐心与支持。

三、情绪认识与管理主题心理健康教育实践

第17课　我不乱发脾气

【教师寄语】

亲爱的同学们，在丰富多彩的生活中，经常会有一些事情让我们感到生气，忍不住发脾气。今天，我们一起学习如何有效地控制自己的情绪，不乱发脾气吧。

【教学对象】

小学一、二年级轻、中度智障生。

【学习目标】

1. 认识到乱发脾气会影响学习、生活和人际关系。
2. 能恰当表达自身的情绪。
3. 初步学会调节不良情绪的方法。

【课堂约定】

1. 小板凳，坐端正。不随意走动，在自己的座位上坐好。
2. 认真倾听他人，不随意打断他人。
3. 积极参与课堂活动，勇敢表达内心的真实想法。

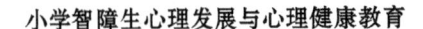

【资源准备】

1. 情绪表情图片。

2.《发脾气的兔子》故事视频。

3. 镜子。

4. 情绪日历表、表情贴纸。

【教学流程】

一、热身活动：情绪识别小游戏

游戏规则：

1. 出示一组情绪表情图片，先让学生观察图中的表情和动作，再进行模仿。

2. 模仿结束，引导学生说说图片中人物的感受。

二、主题活动一：故事《发脾气的兔子》

1. 观看视频故事《发脾气的兔子》。

2. 交流讨论：

（1）刚刚的故事讲了什么？

（2）爱发脾气的兔子大家喜欢吗？为什么？

（3）最后兔子改变了吗？

3. 教师小结：故事告诉我们，随便发脾气会变成不受欢迎的孩子。

三、主题活动二：如何控制自己不乱发脾气

1. 生活中每个人都会遇到让自己很生气，特别想发火的事情，把故事讲给大家听一听吧。（能力较弱的学生可以出示情境图片：争抢玩具、和同学打架、游戏输了、别人弄坏我们的物品等，引导学生使用句式："当时，我会很生气，想发脾气。"说出图片内容，感知及表达生气的情绪。）

当＿＿时，我会很生气，想发脾气。
当＿＿时，我会很生气，想发脾气。
当＿＿时，我会很生气，想发脾气。
当＿＿时，我会很生气，想发脾气。
当＿＿时，我会很生气，想发脾气。

2. 请你对着镜子模仿自己发脾气时的样子。

3. 交流讨论：发脾气的样子好看吗？你喜欢发脾气吗？如何控制自己不乱发脾气？

如何控制自己不乱发脾气？

四、拓展活动：我可以这样做

每个人都会有情绪，我们要正确面对和处理这些情绪。当我们想发脾气的时候，我们可以这样做：

1. 可以深深呼几口气，一个人安静一会儿。
2. 听听自己喜欢的音乐，唱唱欢快的歌，可以给我们带来好心情。
3. 看看喜欢看的动画片，被故事情节感染时，你会哈哈大笑起来。
4. 寻找好吃的食物，美食能让人心情变好。
5. 和家人、同学、朋友谈心，把心中的不快倾诉出来。
6. 让妈妈抱一抱，亲一亲。

五、课后作业："情绪日历表"

操作方法：

1. 给每位学生发情绪日历表一个，表情贴纸数张。

2. 学生每天根据自己的心情在日历表上贴上表情贴。

3. 家长观察情绪日历表，了解孩子每天的心情，并及时和教师沟通：如果孩子连续一周没有贴不开心、发脾气或哭泣的贴纸，可给予鼓励和赞美；如果孩子有坏情绪，则引导他学会调节，做到不乱发脾气。

情绪日历表

第18课 快乐伴我成长

【教师寄语】

快乐是我们最好的伙伴,它能带给我们美好的感觉和轻松愉悦的心情。在生活中有很多事情都可以让人快乐,比如说享受一顿美食,进行一次运动,或者成功完成一件事情……快乐的源泉无处不在,只要我们愿意,就可以让快乐的情绪陪伴我们成长。

【教学对象】

小学三、四年级轻、中度智障生。

【学习目标】

1. 能够在学习和生活中寻找到快乐,拥有积极健康的心理状态和愉快的情绪。

2. 学会寻找快乐的方法,更好地调节自己。

【课堂约定】

1. 认真倾听,不随意打断他人发言。

2. 积极参与课堂活动，勇敢地表达内心真实想法。

3. 不随意批评他人的观点，用掌声对他人的发言表示鼓励。

【资源准备】

1. "快乐棒"。

2. 故事图片 6 张。

3. 歌曲视频《快乐小宝贝》。

【教学流程】

一、热身活动：游戏"心情变奏曲"

游戏规则：

1. 用四种动作表达你的心情

（1）"小雀跃"——踮起脚尖，原地小碎步跑。

（2）"开心"——两个食指分别放在嘴角两边，面露微笑。

（3）"欢呼雀跃"——鼓掌。

（4）"狂喜"——轻轻跺脚，大力鼓掌，喊"耶"！

2. 请全体起立，老师带领学生练习以上四个动作。

3. 同学们根据教师的引导语，做相应的动作。

引导语：今天在上学的路上，天气晴朗，让我有点小雀跃，我想今天又会是美好的一天。到了学校，看到我的好朋友，渐渐地，同学们来齐了，我的小雀跃慢慢积累变成了开心。课堂上我因为今天的专注和表现，得到了老师的表扬。下课和同学们聊聊最近的生活，然后一起散步，真是让人欢呼雀跃的事情啊。我们的情绪传递着，不由得变为狂喜。上课铃声响，我们调整情绪，带着小雀跃回到了课堂。

二、主题活动一：游戏"快乐棒"

1. "快乐棒"游戏：在音乐声中传起快乐棒，音乐一停，棒在谁的手上就请谁说说自己快乐的事情，让别人也和你一起快乐。

教师提示：可以说说你在游玩中遇到的高兴的事，或者给大家讲一个有趣的笑话、你与父母之间开心的事等。

2. 教师小结：同学们都有很多快乐的事情：做自己喜欢的事情会感到快乐，别人表扬的时候会感到快乐……只要我们做生活的有心人，就会发现快乐就在我们的身边。可是生活中不会总是阳光明媚，有时也会有不快乐或者烦恼的事情，如果我们能够把不快乐变成快乐，那该多好呀！

三、主题活动二：寻找快乐

1. 故事乐园：你能帮他们赶走烦恼、收获快乐吗？

（1）课后，同学们一起玩，小明一个人感到很孤独。

（2）小红和好朋友吵架了，心里很难过。

（3）放学的时候，小东不小心撞倒了小红，感到很抱歉。

（4）明天要考试了，小丽紧张得睡不着。

（5）马上要到六一儿童节了，小丽要到舞台上给大家表演节目，她感到很害怕。

（6）小明上课不认真，被老师批评了，他很生气，在教室里发起了脾气。

2. 寻找快乐：帮助故事中的人物解决烦恼、收获快乐。

寻找快乐	
1	
2	
3	
4	
5	
6	

四、拓展活动：快乐律动

1. 教师总结：今天同学们把快乐的事情分享给大家听，还帮助别人解决了生活中的烦恼，看到你们一张张开心的笑脸，老师真快乐。最后，让我们在一首快乐的歌曲中边唱边跳，结束今天的活动。

2. 快乐律动：《快乐小宝贝》

（1）欣赏视频《快乐小宝贝》。

（2）跟着老师一起快乐律动。

五、课后作业

和爸爸妈妈一起玩游戏"心情变奏曲"。

第19课　冷静是一种超能力

【教师寄语】

冷静是一种超能力。亲爱的同学们，在我们的人生中，往往会遇到很多令人苦恼的难以解决的事情，但是不管怎么样，我们都要先冷静下来，再去解决问题。或许你感到很生气的时候，也需要到自己的"冷静太空"待一会儿，直到感觉好起来。

【教学对象】

小学三、四年级轻、中度智障生。

【学习目标】

1. 遇到不良情绪时学会先冷静，掌握让自己冷静下来的方法。
2. 能关注自己的情绪，有积极调整自己情绪的愿望。
3. 培养乐观开朗的性格。

【课堂约定】

1. 认真倾听，不随意打断他人发言。
2. 积极参与课堂活动，勇敢地表达内心真实想法。
3. 不随意批评他人的观点，用掌声对他人的发言表示鼓励。

【资源准备】

1. 舒缓的大自然音乐。
2. 《对与错》的图片和贴纸。
3. 有声绘本故事《杰瑞的冷静太空》。
4. 大纸箱、玩具、书本等物品。

【教学流程】

一、热身活动：聆听声音

活动规则：学生闭上眼睛，安静聆听。老师播放一段舒缓的音乐，里面有各种小动物的声音。音频播放完毕后，老师提问，有哪几种动物的声音，答对的小朋友可以获得奖励。

二、主题活动一："对与错"

1. 每位学生发一组图片、哭脸和笑脸的贴纸。
2. 图片里边哪个人物做到了冷静思考，哪个人物没有冷静思考，只是在哭闹、耍赖？认为谁做得好，请你给他贴一个笑脸；认为谁做得不好，贴一个哭脸。
3. 集体讨论：图片中的小朋友哭闹、耍赖好不好？在我们很想发脾气的时候，应该怎么做？
4. 教师小结：不管遇到什么事情，都要先冷静下来，再认真地想办法。

三、主题活动二：绘本故事《杰瑞的冷静太空》

1. 观看有声绘本故事《杰瑞的冷静太空》：小男孩杰瑞因为摔了一跤，打碎了为给爸爸过生日所做的陶碗，回到家后大发脾气。在妈妈的引导下，他建立了自己的"冷静太空"，学会了控制自己发脾气的方法。这本书是正面管教的推荐书籍，读完这本书后，很多小朋友会要求在自己家中也建立一个自己的冷静角,生气的时候,在冷静角里冷静一会儿,心情是不是就会好很多呢?

2.讨论:杰瑞用了哪些办法让自己冷静下来?

(1)拥抱

在故事中,杰瑞从外面气冲冲地闯了进来,又狠狠地摔上门,他不肯对妈妈说出发生了什么事,只是吼叫着"不",然后踢了餐桌腿一脚,嗷嗷大哭起来。看着杰瑞哭得那么伤心,这个时候,他妈妈伸开了双臂,杰瑞跑了过去,扑到了妈妈怀里继续哭。不久,他不哭了,并告诉了妈妈事情的缘由。

(2)深呼吸

杰瑞在让他生气伤心的事情发生时,一开始采用的方式是猛地推门、狠狠地摔门、踢桌腿、对妈妈吼叫"不"和大哭等。杰瑞的这些方式不是伤害自己,就是伤害其他人或物,很明显这些方式都是消极的。在认可了杰瑞的感受并得到了杰瑞的回应后,杰瑞妈妈接着就启发并引导孩子进入正确表达情绪、处理情绪的轨道——"你记住了做深呼吸。当你生气的时候,还能做什么帮助你平静下来呢?"

(3)去"冷静太空"待一会儿

在妈妈的启发下,杰瑞学会了建造"杰瑞的冷静太空"。这个"冷静太空"可以帮助杰瑞给坏情绪摁暂停键,花点时间冷静下来,感觉好起来,以便他能做得更好。

(4)拓展活动:布置属于自己的冷静空间

①教师拿出提前准备好的大纸箱或搭建的空间,及玩具、书本等物品。

②每位学生选择1个自己喜欢的物品放置在想放的位置。

四、拓展活动:让自己冷静下来

讨论:"铃铃铃"闹钟响了,今天天气有点冷,被窝里实在太温暖了,小明不愿意起床。眼看就要迟到了,妈妈迅速给小明穿好外套,把他送到学校。但是，小明在校门口发起了脾气，又哭又闹，还在地上打滚……如果你是小明，你会怎么做才能让自己冷静下来？

【课外拓展】

阅读绘本故事《杰瑞的冷静太空》。

五、课后作业

记录一天的情绪变化，和家人一起讨论一日内情绪变化。

第20课　我的情绪我做主

【教师寄语】

在生活中，我们既离不开、也需要各种情绪。害怕、生气、伤心……种种熟悉或者不熟悉的情绪，我们都要一一去体验、了解、释放、接纳。亲爱的同学们，情绪健康是我们的必修课，我们要了解自己的情绪并做到和它们和平相处。相信大家一定能够将我们所学习的情绪调控方法应用到生活当中，用快乐的情绪去感染周围的人，真正做到"我的情绪我做主"。

【教学对象】

小学五、六年级轻、中度智障生。

【学习目标】

1. 认识"开心、不开心、哭、害怕、生气"等情绪。
2. 懂得控制不良情绪的方法，保持积极乐观向上的情绪状态。

【课堂约定】

1. 认真倾听，不随意打断他人发言。
2. 积极参与课堂活动，勇敢地表达内心真实想法。
3. 不随意批评他人的观点，用掌声对他人的发言表示鼓励。

【资源准备】

1. 情绪词语卡片。

2. 表情贴。

【教学流程】

一、热身活动："你的情绪我来猜"

1. 游戏"你的情绪我来猜"

活动规则：表演者用表情、动作、语言表演，让同学们猜关于情绪的词语（不能说出词语中的任何一个字），最快猜出的组获胜。

（1）老师手中有5个关于情绪的词语卡片：开心、不开心、哭、害怕、生气。

（2）每组推选一名同学上台表演，可采用表情、动作、语言等方式，但不能说出词语中的任何一个字。

（3）教师出示词语，表演的同学用表情、动作进行演示，组员猜词语。

2. 教师小结：在日常生活中，我们可以通过对方的面部表情（比如眼睛、鼻子、嘴角、眉毛）、身体动作（手脚）、听得到的语言（语气、语调、语速）来觉察对方的情绪。

二、主题活动一：心情分享

活动材料：表情贴。

活动规则：

1. 学生根据自己的心情，选择一个表情贴，贴到自己的专属区域中。

2. 心情分享：分别找几位学生分享和所选表情相关的事件。

3. 倾听要求：分享者无论说什么，其他同学都需要安静地倾听，不要打断。

（此环节能力弱的学生可以选择老师提前准备好的图片，向同学进行

描述，说一说图片中人物的心情，或者是选择对应心情的表情图片）

三、主题活动二：不良情绪的影响

小组交流讨论：在刚才的活动中，我们发现有的同学很快乐，有的同学很伤心，还有的同学遇到了让自己生气的事情……不良情绪对我们的学习生活有什么影响？

（此环节由老师讲解，或者根据图片提示让学生讲解出不良情绪对我们的学习生活有什么影响）

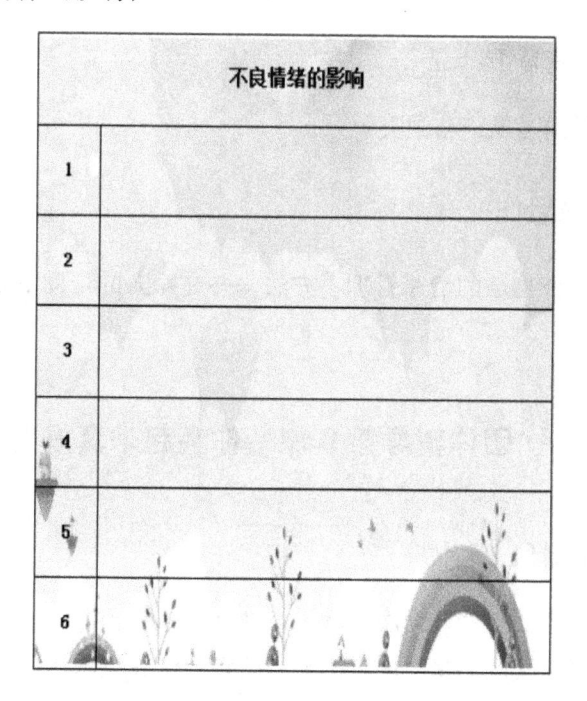

不良情绪的影响
1
2
3
4
5
6

四、拓展活动：调节不良情绪

1. 小组交流，每个小组选出 2～3 个最佳方法。
2. 各组发言，把小组讨论所得出的最佳方案和大家一起分享。
3. 总结情绪调节的几种方法。

（此环节老师需提前准备关于各种可行和不可行的方法图片，可行的方法，如看电影、打球、唱歌、画画、听音乐、爬山等，不可行的方法，如打架、摔东西等，让能力较弱的学生根据图片内容判断方法的对错。）

表 5-1　如何调节不良情绪

1. 转移注意力	当你生气、想发脾气或是难过的时候，可以通过看电影、打球、唱歌、画画、听音乐、爬山等事情来转移注意力
2. 合理宣泄法	当自己有消极情绪时，可以找一个合适的场合将情绪发泄出来，比如：大哭一场
3. 理智调控法	运用意志，控制自己的情绪。如：积极地自我暗示，在心里不停地告诉自己不要生气
4. 改变想法	遇到不好的事情时，尽量往乐观的方面想，告诉自己一切都会变好的

【课外拓展】

播放歌曲《歌声与微笑》。

五、课后作业

找出适合自己的情绪管理小方法，并在家人的帮助下整理成情绪管理小提示。

团体辅导第9课　你笑起来真好看

【活动目的】

1. 体验生活中处处充满了欢乐，处处有微笑。
2. 感受微笑的力量，愿意用笑容给别人带去快乐。
3. 能通过微笑、语言、绘画等不同形式表达愉悦的心情。

【辅导重点】

感受微笑的力量，愿意用笑容给别人带去快乐。

【辅导对象】

小学三、四年级轻、中度智障生。

【活动时长】

1课时。

【辅导流程】

一、团辅主题导入活动

（一）活动概述

微笑，一个极为平常的面部表情，却有着与众不同的意义。微笑是自信、友好的象征，是心理健康的标志，微笑是人与人交往的一个重要方式，能给自己和别人带来愉悦的心情。活动前，教师收集全班学生的笑脸照片，并制作成PPT。活动时，播放歌曲《你笑起来真好看》，一起欣赏大家灿烂的笑脸，感受微笑的力量。

（二）活动流程

1.播放音乐《你笑起来真好看》。

2.欣赏全班同学的笑脸（PPT）。

3.分享感悟：你们看见了什么？你们看到笑脸时，心里感觉怎么样？

4.教师小结：微笑能告诉别人我喜欢你，很高兴见到你，使我快乐的是你，所以人们看到微笑的表情会很快乐。

（三）活动规则

1.认真倾听，不随意打断他人发言。

2.积极参与课堂活动，勇敢地表达内心真实想法。

3.不随意批评他人的观点，用掌声对他人的发言表示鼓励。

（四）注意事项

1.收集照片时可收集学生和家人的合照。

2.欣赏照片时，引导学生大胆地说出感受。

二、团体主题活动一：传递微笑

（一）活动概述

快乐是能够感染他人的，通过主题活动——传递微笑，引导学生懂得要经常微笑，把快乐带给别人。

（二）活动流程

1. 全体学生把桌子并排放好，学生围着桌子坐好，在音乐声中传递微笑抱枕，从 A 同学开始，音乐停时，拿到抱枕的同学站起来模仿抱枕上的微笑表情，对旁边的伙伴露出可爱的微笑，并且能够说些问候或者祝福的话（比如我喜欢你、见到你很快乐等），也能用动作（拉拉手、抱一抱）来表示。

2. 交流活动后的感受：你们收到了朋友的微笑祝福吗？那你们高兴吗？

（三）活动规则

1. 活动开始，全体同学围成一个圈，选一名表达能力较好的学生开始活动。

2. 活动结束后，鼓励学生大胆地说出内心的感受和快乐，让同学们体会快乐是可以传递的。

（四）注意事项

一个班级里，智力障碍学生能力程度不同，表达能力较弱的学生可以在老师的提醒帮助下完成，也可以通过动作表示，如拥抱、拉手等。

三、团体主题活动二：画笑脸

（一）活动概述

鼓励学生画出自己最喜欢的微笑表情，可以是小朋友、老师、爸爸妈妈和其他家人的，还可以是叔叔阿姨脸上的，让学生进一步感受微笑的美丽和魅力。

（二）活动流程

1. 给每位学生发一张准备好的相框、一支笔。

2. 教师示范，学生在人物头像内画上微笑的五官。

（三）活动规则

主题是"画微笑"，让学生进一步感受微笑，因此，教师要进一步指导学生，画微笑的嘴巴，要控制好弯曲的弧度。

（四）注意事项

能力较弱的学生，可采用"贴五官"的方式"画微笑"。

四、团体活动小结

微笑不仅是一种能力，也是一种能量，能开启正能量的循环，能够影响到我们身边的人。微笑也是拉近人与人之间距离的法宝，是传递快乐的最佳途径，更是在挫折中学会坚强的良药！同学们，我们每天都要对自己微笑、对别人微笑，因为，我们笑起来很好看！

团体辅导第10课　面对挫折的时候

【活动目的】

1. 使学生懂得人生免不了要经历挫折，能勇敢面对挫折的考验，培养学生应对挫折的能力。

2. 培养学生积极进取、不畏艰难的意志品质，使其树立信心。

【辅导重点】

学会接受并消除遭遇挫折时产生的负面情绪，形成良好的心理状态。

【辅导对象】

小学五、六年级轻、中度智障生。

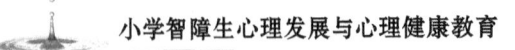

【活动时长】

1课时。

【辅导流程】

一、团辅主题导入活动

（一）活动概述

反口令：按照老师的口令做相反的动作，互相监督，做错的同学将接受"奖励"。

（二）活动流程

1. 老师发布口令"举起你的左手"，同学们就要立刻举起右手；老师发布口令"坐下"，听到口令的同学们就要站起来……

2. 做错的同学将接受"奖励"：

（1）又哭又笑：输的人先大笑5声之后，马上变脸，大哭5声，反复3次，要求表情丰富。

（2）微笑鞠躬：输的人面带微笑，向全体队员鞠躬。

（三）活动规则

1. 三面转法：当听到向左转时，要向右转；当听到向右转时，要向左转；当听到向后转时，原地不动。

2. 立正稍息：当听到立正的时候，要稍息；当听到稍息的时候，要立正。

3. 坐下起立：当听到坐下时，要起立；当听到起立时，要坐下。

（四）注意事项

在"奖励"环节，表现能力较弱的学生可以选择"微笑鞠躬"。

二、团体主题活动一：突出重围

（一）活动概述

在面临挫折时，除了勇往直前的精神，我们还需要灵活运用大脑想办法。通过活动——突出重围，使学生在面对挫折的时候，保持冷静的头脑并具有克服困难的信心、勇气。

（二）活动流程

1. 所有同学手拉手围成一个圈，这个圈被称为"包围圈"。

2. 老师介绍游戏规则。

3. 选出两个人被围在包围圈内，他们可采取钻、跳、推、拉等任何方式（以不伤人为原则），力求突出重围。外围的同学必须尽全力不让被围者逃出。

4. 若被围者从某两个外围同学那里逃出，那么这两个同学就要代替逃出的被围者进入圈内。

5. 分享感受。

（三）活动规则

1. 被包围的同学可采取钻、跳、推、拉、诱骗等任何方式（以不伤害人为原则），力求突围挣脱，冲出包围圈。

2. 其他同学则站立，手拉手围成一个包围圈；外围的同学必须尽全身气力、心计，绝不让被围者逃出；若圈内的同学从某两个同学手拉手的缝隙中逃出，则这两个相邻的同学双双要进入圈内作为被包围者。

（四）注意事项

1. 倘若被围的同学灰心失望，一时冲不出包围圈，要及时鼓励，必要时可增加同学到圈内作为"突围者"。

2. 注意学生的人身安全，选择在草地等场地，而不要在坚硬的水泥地面上；有健康顾虑者不要参加，以防意外发生；提醒学生不可以对外围的学生施行暴力对策，如用脚踢对方的手或腿等。

三、团体主题活动二：面对挫折我不怕

（一）活动概述

在成长中，每个人都会遇到不如意的事情，就是我们平时说的挫折。通过小组交流讨论、分享总结，学会接受并消除遭遇挫折时产生的负面情

绪，形成良好的心理状态。

（二）活动流程

1. 老师给每组学生发一个"小脚丫"卡片。

2. 小组讨论：面对挫折和失败，我们该以何种心态面对？并把讨论结果写在小脚丫上。

3. 分享总结。

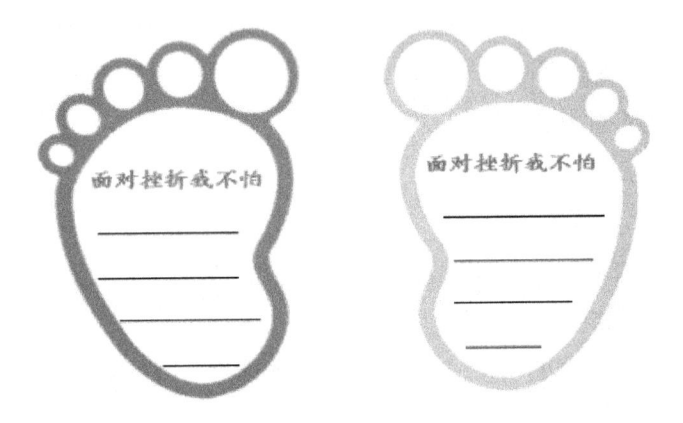

（三）活动规则

1. 把学生分成两组。

2. 每组选一名组长，组织本组组员交流讨论，教师要注意引导。

3. 每组选一名代表，分享讨论成果。

（四）注意事项

根据学生能力、性格等合理分组，均衡小组间的学习效率，使小组合作有效进行。

四、团体活动小结

在生活中，我们难免会遇到挫折和困难，我们发现，面对挫折，不同的人有不同的态度，不同的态度会产生不同的结果。面对挫折、面对失败，我们不要害怕、不要气馁，而是要勇敢、积极地面对。

家育课堂第 5 课　正确认识与疏导孩子的情绪

【活动目的】

1. 通过本次活动正确认识孩子的情绪。
2. 能够正确了解不良情绪的原因与影响，并运用正确的方式对孩子进行疏导。

【辅导重点】

运用正确的方式对孩子进行疏导。

【辅导对象】

小学轻、中度智障生的家长。

【活动时长】

1 课时。

【活动流程】

一、主题教育活动一：正确认识儿童的情绪

正确认识情绪、智障儿童的情绪特点和不良影响。

1. 情绪的定义

心理学家认为，情绪是指人们对环境中的某种客观事物和对象所持态度的身心体验，是最基本的感情现象，也是一种对人生成功具有显著影响的非智力因素。

现在一般认为，人类的情绪包括快乐、悲哀、愤怒、恐惧四种基本形式。情绪也分为良好情绪与不良情绪。

2. 智障儿童的情绪特点

（1）抑郁情绪。由于智障儿童社会适应困难、学习能力低下，他们

在学习和生活实践中必然会遇到很多挫折，特别是自尊心较强、轻度智力低下，以及随班就读的智障学生，因为经常处于失败的处境中，久而久之就会产生抑郁情绪，往往表现为敏感、合作性差、不安、闷闷不乐、自卑、孤独，有的学生还对任何事物都不感兴趣，产生厌学情绪；有的学生的抑郁情绪会影响饮食、睡眠，产生头疼、疲劳、乏力等异常生理表现。抑郁情绪在性格内向的智障女孩中较为常见，智障儿童不善于、不愿意向他人表达内心的想法与烦恼，是产生抑郁情绪的原因之一。

（2）害怕情绪。智障儿童往往对某些动物表现得更为害怕，比如蜜蜂、壁虎等，有的智障儿童还会在看到某些动物时产生极端的恐怖情绪，严重影响他们的生活与社会功能的发展。

（3）爱发脾气。发脾气是指个体需要得不到满足、自我受挫时出现又哭又闹的行为表现。这种情况在智障儿童成长过程中也比较常见。当自己的愿望遭受限制时，他们常常会以发脾气的方式来发泄。他们难以按照社会道德和行为规范来调节和控制自己的情绪与行为，一旦需要得不到满足，便会出现，诸如：不分场合地大哭、大闹，坐在地上不起来，甚至撒泼打滚、自残自伤等行为，在这种情况下，成人的劝说往往无效，他们往往在自己的要求得到满足后才肯罢休。

（4）爱哭、易怒。智障儿童的情绪很容易受外界情境的影响，易激惹，易被激怒，很多孩子往往为一点小事，稍不如意就哭鼻子或生气。但他们的情感体验并不深刻，例如，常见他们忽然手舞足蹈、兴奋不已，忽然莫名其妙的号啕大哭。

3. 不良情绪对孩子的影响

表 5-2 不良情绪对孩子的影响

影响人的认知过程	心情愉快时，思维灵活、记忆迅速、想象丰富，头脑显得特别清醒；心情不好时，思维迟钝、记忆吃力、想象贫乏，头脑似乎浑浊不清
影响人的意志行动	情绪和情感对人的意志行动具有增力或减力的效能。情绪高涨情况下，会全力以赴，克服困难直达预期预定目标。情绪沮丧时，会无精打采，稍有阻碍，便畏缩不前

续表

影响人的性格特征	积极的情绪和情感有助于人格的健康发展,消极的情感则会阻碍人格的健康发展。经常有成功体验,容易养成自信、上进的性格特征;经常有失败体验,容易养成自卑、不求上进的性格特征
影响人的身体健康	情绪和情感的好坏与人的身体健康有密切关系。愉快、平静、心情舒畅的情绪,能使有机体的内脏器官、腺体正常活动,增强有机体对各种外来的不良因素的抵抗力。忧郁、愤怒、恐惧、情绪过度紧张等不良情绪,则会引起机体生理活动紊乱,导致免疫系统功能障碍或功能抑制,最终可能导致疾病
影响人的社会交往	人们通过表情表达自己的情绪体验,了解他人的情绪体验以及思想、愿望和要求。表情也就因此成为人类社会交往的重要工具,被称为"非言语行为"。它比言语行为有其独到之处

二、主题教育活动二:学会引导

孩子们出现了情绪问题,我们应该如何引导呢?

1. 父母先冷静下来

首先,父母要冷静下来。当孩子情绪突然失控的时候,父母就会很着急,随之就是生气,对孩子大吼大骂,这时的孩子会感觉到很委屈,情绪更加失控,又哭又闹。对正常人而言,都会有情绪失控的瞬间,何况是智障儿童呢,所以当孩子的情绪失控时,家长要先冷静下来,只有当家长冷静了,才能帮助孩子,让他的情绪慢慢恢复平静。

2. 引导孩子合理地宣泄不良情绪

孩子们出现的情绪问题时,家长首先需要引导他们合理宣泄、抒发。有的父母害怕孩子吵闹,甚至撒泼打滚,觉得很丢人。其实,孩子的情绪需要合理宣泄,如果这个时候家长不让孩子宣泄情绪,很可能适得其反,孩子的情绪更加难以控制。

3. 查找孩子情绪失控的根源

对智障儿童来说,情绪失控是常见的情况,这让家长们感到十分困扰。其实,孩子每次情绪失控都是有原因的,比如不会表达自己想法,自己的愿望不被满足等。孩子们如果情绪失控,作为父母,应该仔细观察孩子的状态，思考一下孩子的情绪变化是从什么时候开始的？什么原因导致的？每个孩子闹情绪的原因都不一样，有的是因为噪音，有的是因为害怕……，但都需要使用适当的方法安抚、疏导。一般而言，自闭症儿童情绪失控多数是因为害怕而导致情绪失控。

4. 学习可行的情绪缓解方法

了解孩子情绪失控的原因之后，要根据孩子的具体情况找出缓解情绪的方法。不同的孩子因个性特点、生长环境、父母教育方式等因素的不同，需要采取的方法也有一定的差别，不恰当的情绪缓解方法会让孩子的情绪更加失控。

通常而言，我们可以这么做：

（1）拥抱孩子，让孩子有安全感。

（2）允许孩子在合适的环境下自由地表达情绪。

（3）用心倾听，读懂孩子的情绪。

（4）先处理情绪，后处理事情，不急于做判断。

（5）与孩子一起讨论解决问题的方法，鼓励和引导他自己想办法。

5. 帮助孩子释放情绪

智障儿童往往不能为自己的情绪安排合理的宣泄途径，这个时候，我们应该如何帮助孩子释放情绪呢？

（1）让孩子和"情绪"待一会儿，想哭就哭一阵。

（2）找一个专门的发泄工具，比如枕头、娃娃。

（3）画画、涂鸦，尽情地把心中的情绪都画出来。

（4）唱歌，音乐的旋律能让孩子的心情得到舒缓。

（5）参加体育锻炼，去打球，去跑步。

（6）户外旅游，开阔心境，放松情绪。

（7）如果孩子言语能力比较好，可以用写日记的方式整理情绪。

（8）让孩子学会倾诉，跟同学、朋友。当然，父母也是倾诉对象。

6. 帮助孩子控制情绪

智障儿童控制情绪的能力比较差，对家长来说，要反复地训练孩子使用科学的方法控制情绪，这样孩子才能习得这些方法和技能。因此父母要善于创设某种情景，和孩子一起演练，熟悉控制情绪的方法，这样才能减少孩子因为无法控制情绪而不能表达的情况。

合理管理情绪的方法有：

（1）消退法。消退法指的就是在智障儿童做出一个错误的行为的时候，家长要及时地指出孩子的错误，让其在下次遇到这种情况时，错误的行为自动消退。这也是智障儿童在进行自我情绪控制方面能力的体现。比如有些家长在孩子犯错误时，不仅不会指出错误，还给孩子一定的补偿，孩子就会产生错误的认知，认为自己的做法是正确的，因此很可能在往后的生活中遇到这种情况时，仍旧采取这种错误的行为。

（2）正强化法。正强化法与消退法是相反的，它是在智障儿童表现出恰当的处理情绪的行为时，老师和家长及时提出表扬，从而强化孩子的正面行为。比如孩子在老师或家长的劝导下，停止哭闹时，家长和老师及时给予孩子肯定或奖励，让孩子明白不哭闹才是恰当的做法。

7. 经常和孩子沟通交流

父母要经常和孩子沟通，让孩子说出自己心里的想法和感受，协助孩子处理当下的问题。当孩子和大人的想法不同时，父母要反思自己，是不是真的能够理解和接纳孩子的情绪，帮助孩子疏导情绪。

三、主题教育活动小结

在人的情绪情感发展的过程中，童年与青春期是最为重要的阶段，这两个阶段是易闹情绪，甚至是情绪泛滥的高峰期，也是奠定人的情绪情感根基的关键期。希望家长们能高度重视孩子的情绪问题，抓住儿童情绪发展的关键期，因势利导，教育和引导孩子自觉认知情绪，有效调控情绪，合理宣泄情绪，主动管理情绪，促进孩子身心健康地成长。

第六部分　小学智障生的生命教育

> 世界上只有一种英雄主义，那就是在认清生活真相后依然热爱生活。
>
> ——罗曼·罗兰

空难、危机、战争、困顿、磨难……有人感叹生命的来之不易，有人质疑活着的意义。对生命的不同认识往往伴随着不同的人生选择，如何面对未知的一生？熠熠生辉还是甘为平凡？古罗马哲学家西塞罗（Cicero）说："懂得生命真谛的人，可以使短促的生命延长。"

人们对生命及生命意义的探索从未停歇过。马克思主义哲学认为，"生命是由核酸、蛋白质大分子组成的，以细胞为基本单位的复合体系的存在方式"。还有观点认为，生命是在"物竞天择，适者生存"这一自然选择规律的作用下，经历了从水生到陆生、从简单到复杂、从低等到高等自觉或不自觉发挥主观能动性趋利避害、适应环境的千差万别、形形色色的生命形式，人类的生命是种种生命中较高级的表现形式。

生命教育是一种全人教育，它涵盖了人从出生到死亡的整个过程和这一过程中所涉及的各个方面，既关乎人的生存与生活，也关乎人的成长与发展，更关乎人的本性与价值。生命教育的核心目标在于，通过生命管理，让每一个人都成为"我自己"，都能最终实现"我"的生命价值，在生命历程中把生命中的爱和亮点展现出来，为社会、为人间焕发出自己独有的美丽光彩。

由此可见，生命教育关乎个体发展的全程，既是一切教育的前提，又是教育的根本目的，同时还是教育的最高追求。因此，生命教育应该成为指向人的终极关怀的重要教育理念，是在充分考察人的生命本质基础上提出来的，是一种全面关照生命多层次的人本教育。狭义上来说，在学校和家庭教育中，针对未成年人的生命教育而言，生命教育应教会孩子们关注自己的生命，保持自我身心健康，珍爱生命，还要引导他们理解生命价值与意义，积极创造生命的价值；应帮助他们学会理解和尊重他人的生命；应引导他们接纳、敬畏大自然中其他物种的存在；应培养他们不只关心今日生命之享用，还应关怀明日生命之发展。

一、对小学智障生开展生命教育的意义

（一）开展智障生生命教育，是提升国民素质基本要求的重要组成部分

青少年学生是社会主义事业未来的建设者和接班人，青少年学生的生命质量决定着国家和民族的前途与命运。开展生命教育，有利于提高青少年学生的生存技能和生命质量，激发他们树立为祖国的繁荣富强而努力学习、奋发成才的志向；有利于将中华民族坚韧不拔的意志熔铸在青少年学生的精神中，培养他们勇敢、自信、坚强的品格；有利于提高广大青少年学生的国际竞争意识，增强他们在国际化开放性环境中的应对能力。

智障生因其智力发育迟缓或智力低下，可能无法像普通青少年那样建大功、立大业，然而，他们是我国青少年学生的重要组成部分。对智障生开展生命教育，能够培养他们保护自己，感恩他人，学会基本生存技能并尽自己所能在社会上安身立命。同时，对智障生群体开展生命教育，是"有教无类"即教育公平的重要体现，也是教育基本功能的重要体现。

（二）开展智障生生命教育，是当今社会环境发展变化的迫切要求

随着经济社会的飞速发展，在受益的同时，随之而来的消极因素也在一定程度上影响了青少年学生的道德观念和行为习惯，享乐主义、拜金主义、极端个人主义等的负面影响，导致部分学生道德观念模糊与道德自律能力下降。此外，各种意外事故和校园伤害事件也成为威胁青少年学生人身安全的要素，影响着青少年的身心健康。因此，迫切需要培养青少年形成科学的生命观，进而为学生树立正确的世界观、人生观和价值观奠定基础。对于智障生而言，他们需要树立基本的科学生命观，珍惜自己的生命，保护自身生命安全，学会理解他人、感恩社会，因此更加需要系统、科学的生命教育。

（三）开展生命教育是促进小学智障生身心健康成长的必要条件

社会环境是纷繁复杂的，智障生因其自身特点往往会面临更多、更大的问题，并极易产生生理、心理发展的不平衡现象。由于智力发展水平低下，他们常常会出现种种困惑而得不到及时指导，对无法预料且时有发生的隐性伤害往往难于应对，导致他们易产生心理脆弱、思想困惑、行为失控等现象。因此，加强引导，使其科学理解生理、心理发展的规律，正确认识生命现象和生命的意义，对智障生而言，十分重要。

二、小学智障生生命教育的主要内容

美国学者杰·唐纳·华莱士（Jay Donner Wallace）于1968年首次提出生命教育的思想时，所创立的生命教育理念就受到了人们的高度重视。几十年来，生命教育的实践在全球已得到迅速发展。

上海市较早出台了《上海市中小学生生命教育指导纲要》，对青少年

进行生命起源、性别教育、青春期教育、心理健康教育和生存训练等方面的指导。辽宁省启动了中小学生命教育工程，制定了《中小学生命教育专项工作方案》。江苏省把开展生命教育作为工作重点，培养青少年珍爱生命的意识。湖南省于2005年颁布了《湖南省中小学生命与健康教育指导纲要（试行）》。2005年，中国宋庆龄基金会在北京主办了中国首届青少年生育教育论坛。2006年，"第二届中华青少年生命教育论坛"在北京举办，北京大学还在论坛上发布了《中华青少年生命教育年度立项报告》。我国生命教育已经形成了政府主导、民间参与、社会各界积极配合的趋势。目前，我国各级各类教育部门对生命教育的重要性已经得到普遍性认同，并富有创造性地开展了生命教育科研、教学实践、教材编制、教学大纲试行等活动，重点关注青少年的和谐成长，帮助青少年认识生命、珍惜生命、尊重生命、热爱生命，提高生存技能，提升生命质量。

三、小学智障生生命教育的有效途径

（一）通过学科教育渗透生命教育

生命教育内容涉及学校各个学科领域，科学、品德与生活、品德与社会、体育等学科。在各学科的教学中增强生命教育意识，挖掘显性和隐含的生命教育内容，分层次、分阶段，适时、适量、适度地对学生进行生动活泼的生命教育。任何学科都不是割裂存在的，均蕴含着丰富的生命教育内容。教师可结合学科教学内容，对学生进行认识生命、珍惜生命、尊重生命、热爱生命，提高生存技能和生命质量的教育教学活动。

（二）学校开展专题生命教育

生命教育要充分利用青春期教育、心理教育、安全教育、健康教育、环境教育、禁毒和预防传染病教育、法制教育等专题教育形式，开展灵活、有效、多样的生命教育活动。可结合学生兴趣、学习及生活经验，整合相关内容，形成本校生命教育课程。要注意符合小学智障生的身心发展特点，开展生命与大自然、生命与家庭的启蒙教育，懂得生命的可贵、生活的意义以及自我保护等。

（三）开展生命教育综合实践活动

综合实践活动课程是实施生命教育的阵地。要注意围绕学生身边的问题，让学生通过行动来研究和解决，提高学生综合分析和解决问题的能力。学校要充分利用各级各类青少年教育基地、公共文化设施开展生命教育活动，加强学生的生活技能训练。

在动植物园、自然博物馆、公园、森林和大海边，让学生接受自然教育，懂得敬畏自然、保护自然，并理解休闲对促进身心健康的重要作用；通过对生老病死的人物故事及场所见闻，引导学生理解生与死的意义，珍爱生活，关心他人；通过情景模拟、角色体验、实地训练、志愿服务等形式，培养学生在遇到突发灾难时的人道主义救助精神。

积极引导家长参与生命教育主题活动，通过亲子关系沟通技巧、智障生身心发展与教育等方面的讲座、团体辅导、沙龙等，帮助智障生家长掌握与不同特点及不同年龄阶段智障儿童沟通的知识与技巧，营造健康和谐的家庭氛围，不怨天尤人、不指责抱怨，尽力提升家庭幸福感。学校还可以通过班级主题活动、重要纪念日活动、结合小学智障生的现实特点及需求，在了解他们内在需要的基础上，组织和安排主题生命教育活动，引导他们接受教育，并感悟生命的价值。

四、生命教育主题心理健康教育实践

第 21 课　我身体的小秘密

【教师寄语】

在我们的身体里隐藏着许多的小秘密，而且这些小秘密都在时时刻刻地保护着我们，使我们能健康快乐地成长。但这些小秘密都需要我们好好保护它。

【教学对象】

小学三、四年级轻、中度智障生。

【学习目标】

1. 能够知道自己身体的隐私部位。
2. 在日常生活中，能掌握一些保护自己身体隐私部位的方法和技巧。
3. 培养良好的心理素质，学会遇事不慌张。

【课堂约定】

1. 认真倾听，不随意打断他人发言。
2. 积极参与课堂活动，勇敢地表达内心真实想法。
3. 不随意批评他人的观点，用掌声对他人的发言表示鼓励。
4. 参与游戏之前要认真听老师讲规则，保持专注的状态。

【资源准备】

歌曲《我的身体》。

【教学流程】

一、热身活动

导入：播放歌曲《我的身体》。

二、主题活动一：了解我们的身体

1. 游戏玩法：教师出示图片，引导学生说出身体器官名称，涉及隐私部位的名称，就请学生注意。
2. 我们身体的隐私部位有哪些？有：小腹部、臀部、下体。
3. 玩游戏时，可以和同性别好朋友拥抱，拍拍肩膀，击掌。如果是陌生人或异性同学就不行。
4. 学生操作课件：将禁止的标志移动到身体的隐私部位上。
5. 陌生人要触碰的话怎么办？要说：不、不要或者不要碰。教师引导学生说。

三、拓展活动

1. 不给陌生人开门。
2. 不要自己一个人和陌生人见面。
3. 不要看陌生人提供的色情影视录像和书刊图片。
4. 不要陌生人给的免费食品、玩具、饮料等。
5. 不给陌生人带路，不要跟陌生人走。
6. 学习儿歌：《身体隐私不能碰》

小背心，小裤裤，
遮住隐私不外露，
自己隐私要保护。
其他人，不能碰，
要是有人想来碰，

躲开大喊不要碰。

宝宝还要牢记住,

别人隐私不能碰。

7. 结语

我们要学会保护自己的隐私部位,避免受到身心伤害。

第22课　成长过程中的小烦恼

【教师寄语】

在我们的成长过程中,总会遇到这样或那样的一些小烦恼。当你因成长中的问题而烦恼时,请多与父母、老师沟通,认真理解并接受他们的意见,将有助于你健康成长。

【教学对象】

小学五、六年级轻、中度智障生。

【学习目标】

1. 能够认识自我,正确对待成长过程中出现的烦恼。
2. 能够采取积极的生活态度面对烦恼。

【课堂约定】

1. 认真倾听,不随意打断他人发言。
2. 有需求时举手表达,勇敢地说出自己的想法。
3. 不随意批评他人的观点,用掌声对他人的发言表示鼓励。

【资源准备】

歌曲《小小少年》《青春纪念册》。

【教学流程】

一、活动导入

1. 播放歌曲《小小少年》。
2. 引出课题。

在我们的成长过程中，总会有这样或那样的烦恼。比如，我的书包那么重，还要我天天背着它来上学；这个字太难写了，为什么还要我写；这个同学老是说我爸爸的名字，我好烦呀；等等。今天老师就想和同学们一起来聊聊你们有什么烦恼。

二、主题活动一：小采访

1. 你有烦恼吗？

教师作为记者采访学生，请他们说出自己的烦恼，初步了解学生的烦恼类型。

（1）你有烦恼吗？因为什么呢？

（2）你觉得怎么样才能解决这个烦恼？

2. 我怎么办？

原来每个人都有烦恼，烦恼还有很多种，在生活中的、在学习中的；和家人相处的、和伙伴相处的都有。这么多的烦恼，怎么办呢？

（1）将学生分成两组进行讨论，教师引导学生总结应对烦恼的方法，并推选一名学生上台讲解应对烦恼的办法。

（2）教师根据学生说的办法再进行补充总结。

三、主题活动二：积极面对烦恼，我们应该怎样做？

1. 放松身心

播放舒适的轻音乐，请学生放松并闭上眼睛趴在桌子上休息；教师以温柔、缓和的声音给同学们讲个故事。

2. 情绪反馈

教师引导学生说出上一环节对自己身心的影响与感受，并引导学生以积极阳光的心态对待烦恼，以正确的态度和行为消除烦恼。

四、拓展活动

1. 教师引导学生发表对本节课的体会与感受，对同学们的发言进行总结并穿插德育内容——每个人都有烦恼，烦恼伴随着我们成长，见证着我们成长，成长中的我们要用一种平和的心态去面对，过滤烦恼，驱赶心中的阴霾，让灿烂阳光洒满心田，因为阳光总在风雨后。

2. 以歌曲《青春纪念册》欢快的旋律结束本节课。

五、课后作业

给爸爸妈妈讲讲你在成长中遇到的小烦恼。

【课外拓展】

尝试以"我的成长小烦恼"为题，写一篇小作文。

第23课　我爱我家

【教师寄语】

家,一个熟悉而又温暖的字,一个让人想起就有力量的字。家是一个安全的避风港,每天放学回家帮奶奶捶捶背,帮爷爷倒杯茶,帮妈妈刷刷碗,和爸爸、弟弟玩耍都是极富有情趣的事,这就是家的味道。

【教学对象】

小学三、四年级轻、中度智障生。

【学习目标】

1. 让学生了解父母,关心父母,敬爱父母。
2. 能够用实际行动报答父母的养育之恩。
3. 帮助学生提高爱父母、爱家人的意识。

【课堂约定】

1. 认真倾听,不随意打断他人发言。
2. 积极参与课堂活动,勇敢地表达内心真实想法。
3. 不随意批评他人的观点,用掌声对他人的发言表示鼓励。

【资源准备】

1. 歌曲《让爱住我家》《爸爸妈妈》。
2. 一棵"亲情树"。
3. 每个同学家庭成员照片(家庭照片背面写上调查内容,介绍内容包括姓名、年龄、生日、工作、爱好等)。

【教学流程】

一、活动导入

听歌曲《让爱住我家》。

我们每个人都有一个家,家是我们的乐园,是我们的避风港,是我们成长的地方。如何正确地看待家呢？今天就让我们一起学习"我爱我家"。

二、主题活动一：我的家

1. 掌握家的概念

（1）说说你的家里都有哪些成员。

（2）介绍你的家庭成员。

介绍内容包括：姓名、年龄、生日、工作、爱好等。

（3）找学生代表介绍自己的家庭成员。

（4）师：每位同学在介绍自己的爸爸和妈妈时都那么幸福，这就是家的感觉。家由妈妈＋爸爸＋我组成。那你知道你是从哪里来的吗？

2. 父母对我的养育之恩

（1）"我"是从哪里来的？

爸爸、妈妈共同给予我生命。我们出生那天就是我们的生日。你知道自己的生日吗？请将它写在纸上。

（2）请你闭上眼睛回忆一下过生日时的每一个场景，你看到了什么？你想到了什么？

（3）你生日的那一天正是妈妈受苦的日子，希望同学们在我们过生日时，别忘了受苦的妈妈。

3. 说一说，父母给你哪些爱

（1）爸爸妈妈不但生我，还养育我，在我们成长的过程中，受到过父母无微不至的关爱，有很多事情让我们感动，让我们终生难忘。给大家两分钟想一想你最难忘的一件事，或最感动的一件事。

（2）请几位同学来谈一谈。

（3）父母为了我们可以不顾一切，那么你打算怎样报答他们呢？

三、主题活动二：报答父母

1. 故事启迪《世上最美味的泡面》。

（1）师：听完故事，你有什么感受？故事里的小男孩做的事情对你有什么帮助？

（2）师：关心父母、敬爱父母，是我们的责任和义务，让我们从小事做起，从现在做起，为我们的家做一些力所能及的事。

2.完成"亲情树"。

（1）课前准备一棵"树"，贴到黑板上。

（2）在老师的帮助下，在纸上写一句话，你想为父母做什么，或者你能为父母做什么，表达对家的感情。

（3）最后请将你写的纸贴到亲情树上。

四、拓展活动

播放音乐《爸爸妈妈》。

同学们，让我们一起再想想爸爸妈妈对我们的爱，我们要感谢父母，多为爸爸妈妈做一些事。

五、课后作业

向家人表达你对他们的爱，可当面用语言表达，也可以采用写纸条、发信息等方式。

【课外拓展】

邀请家人一起做美食、布置房间，一起看电影。

第24课　成长路上感恩有你

【教师寄语】

父母的爱是黑暗中的一缕阳光，给予我温暖；父母的爱是沙漠中的一股清泉，给予我希望；父母的爱是大雨里的一把伞，给予我关爱；父母的

爱存在于生活中的每个角落……

【教学对象】

小学五、六年级轻、中度智障生。

【学习目标】

1. 能够在老师的引导下感受父母对自己的爱。

2. 了解处理家庭矛盾的合理方式。

3. 能用感恩的心态努力学习，时常感恩父母。

【课堂约定】

1. 积极参与课堂活动，勇敢地表达内心真实想法。

2. 认真聆听他人发言，不随意打断。

3. 尊重老师和同学，认真倾听，不随意点评及批评他人观点。

【资源准备】

视频《感恩的心》《烛光里的妈妈》《父亲》。

【教学流程】

一、活动导入：感受父母的爱

播放视频《感恩的心》。

同学们，我们的父母每天辛苦照顾我们，我们应该怎么对待父母呢？今天我们一起来说一说。

二、主题活动一：理解亲情

同学们，我们的父母每天都在照顾我们，同学们能不能说说父母每天为我们做的事呢？

1. 说说父母每天为你做的事。

2. 你发现了什么或感受到什么？

3. 播放视频：《烛光里的妈妈》《父亲》。

4. 小结：

在我们成长的过程中，陪伴我们最多的是父母，最关心我们的是父母。在父母的悉心照顾下，我们健康地成长着。父母为我们付出了许多许多，我们也要懂得感恩、回报父母。

三、主题活动二：处理家庭矛盾

1. 案例分析：

早上，某同学不肯在家里吃早餐，来到学校门口不肯进校门，非要妈妈带他去吃小笼包，还和妈妈在校门口吵架。

2. 讨论：这样做对不对？应该怎么做？

3. 小结：父母对我们无限关爱和悉心照顾，我们不应该挑食，更不能和父母吵架。

四、拓展活动：回报父母

1. 学习古诗《游子吟》

游子吟

孟郊（唐）

慈母手中线，游子身上衣。

临行密密缝，意恐迟迟归。

谁言寸草心，报得三春晖。

2. 通过本节课的学习和分享，相信大家已经深刻地感受到父母的爱。感恩不只是嘴上说说，也需要用行动来表达，希望大家回家后为家里人做一件事情。

五、课后作业

为家人做一件事情。

【课外拓展】

手工制作小礼物赠送给家人。

团体辅导第 11 课　我爱我的班级

【活动目的】

1. 通过团体心理辅导活动,懂得感恩成长路上同学和老师的陪伴,能用实际行动爱自己的班级。

2. 通过活动,体会到集体的温暖,感受到集体生活的快乐,加强集体的凝聚力。

3. 通过活动,促进同学之间的交流,提高学生的语言能力。

【辅导重点】

帮助学生形成对集体的正确认识,在游戏中体验集体所带来的团结的力量,学会在集体中找到自己的定位,配合同学们一起完成任务,产生对集体的认同感,在日常生活中学会团结身边的同学。

【辅导对象】

小学四、五年级轻、中度智障学生。

【活动时长】

1 课时。

【活动准备】

1. 筷子十双。

2. 课前准备介绍自己的小绿叶，绿叶上写着"我是××班的××"。

3. 课前在黑板上画好一棵没有树叶的大树。

【辅导流程】

一、团辅主题导入活动：折筷子

活动概述：团结就是力量，这是先辈们告诉我们的真理。在生活中，集体对于我们来说是不可或缺的部分。游戏"折筷子"就是对"团结就是力量"的最好体现，它能让孩子们快速认识到集体的力量，有利于本堂课的主题的导入。

活动流程：选一名同学先折一支木筷，一支木筷轻松就能折断。然后取十双木筷，用绳子捆在一起，看看这位同学的表现。

注意事项：在使用筷子时，防止学生互相打闹。特别是学生将一根筷子折断的时候，老师要及时回收被折断的筷子，防止意外的发生。最后老师结合学生的反应提出相应的问题，进行总结。

二、团体主题活动一：我是班级的一分子

活动概述：将班级比喻成一棵大树，然而这棵大树却是光秃秃的，它缺少了许多树叶。将其中的一片小树叶比作学生，让学生把它贴到这棵班级树上，并介绍自己是谁、来自哪个班级，培养他们的班级自豪感。

活动流程：老师向同学们介绍这棵树：你们看！我们××班这个集体就像这棵大树，现在这棵大树光秃秃的，好看吗？它缺少了什么呀？然后再表明那一片小绿叶代表着同学们自己，最后让每位同学把树叶贴到这棵班级树上，边贴边大声地说"我是××班的××"。

活动规则：需要同学们完整地表达自己是谁、来自哪个班级，并且将树叶贴到大树上，成为班级的一分子。

注意事项：教师应善于观察学生的表情，帮助他们完成游戏，增强他们的集体荣誉感。

三、团体主题活动二：我用行动来爱它

活动概述：教师让同学们找出能为班级做贡献的方式，找到在班级中属于自己的位置，并让学生说出自己的计划。在我爱我的班级的诗朗诵环节，让学生充分融入自己的班集体。

活动流程：

1. 教师引入话题：现在，让我们每个人都行动起来，找找我们可以为班集体做些什么。

2. 请学生说说自己的打算。

3. 我爱我的班级诗朗诵：

蓝天是星星的家，
树林是小鸟的家，
小河是鱼儿的家，
××班是我们的家，我们都爱我们的家

活动规则：引出理论，提出思考题，以问题为中心，围绕问题进行探讨，并完成诗朗诵。

四、团体活动小结

我们每一个人都是集体的一员。在成长路上，除了有父母陪伴我们以外，还有同学、老师的陪伴，一路上留下了欢声笑语，遍布美好回忆，我们要懂得感恩同学和老师。最后，让我们再一次自豪地说——我们都是××班的一分子！我爱老师，我爱同学，我爱××班！

团体辅导第12课　爸爸妈妈，我爱你

【活动目的】

1. 让学生理解父母之爱，感受父母之情，体验亲情的无私和伟大，让

学生懂得为什么要感恩父母。

2. 懂得用实际行动关心父母、尊敬长辈。

3. 在游戏中让学生体会父母的无私和伟大，增进学生对父母的情感，增加学生对父母的理解。

【辅导重点】

通过各种小游戏，帮助学生更好地理解父母，从小培养学生对父母的感恩之情，引导学生在情感上能"感受爱"，在思想上能"理解爱"，在行动上能"回馈爱"。

【辅导对象】

小学四、五年级轻、中度智障学生。

【活动时长】

1课时。

【活动准备】

教师制作PPT；布偶；音乐《感恩的心》；视频《小乌鸦爱妈妈》。

【辅导流程】

一、团辅主题导入活动：情景代入

活动概述：帮助学生体验母亲十月怀胎的不易，可以很好地活跃课堂的氛围，尽快消除师生之间的陌生感，让大家进入到课堂状态中。

活动流程：在学生腹部放一个布偶，布偶就象征着肚子里的宝宝，从教室这边走到那边捡书，布偶不能掉下来，通过游戏感悟母亲十月怀胎的辛苦。

活动规则：要确保学生的布偶不会掉下来；如果掉下来，学生就要重新开始并帮助他完成任务。

注意事项：教师要注意学生的表情，避免学生出现不良的情绪，需要及时地帮助和开导学生，保证活动的有序进行。

二、团体主题活动一：亲情小测试

活动概述：提出一些与父母有关的问题，让同学们根据实际情况举手回答。看看学生对父母的了解程度，并辅以教育，帮助学生更好地了解父母。让学生从现在开始，用行动关心父母，孝敬父母。

活动流程：爸爸妈妈为我们做了这么多事情，那你对爸爸妈妈的了解又有多少呢？

1. 爸爸妈妈的生日分别是几月几日？
2. 爸爸妈妈平时最喜欢吃什么？
3. 爸爸妈妈最喜欢什么体育活动？
4. 爸爸妈妈最喜欢什么颜色？
5. 爸爸妈妈最喜欢看什么电影（电视剧）？
6. 爸爸妈妈早上几点起床？晚上几点下班？

活动规则：在学生表达的环节中，学生自由发言，没有被提问时，不能干扰他人发言。

注意事项：教师要控制好上课的节奏，避免一些同学长时间回答不上来造成课堂时间的浪费。

三、团体主题活动二：唤醒感恩之心

活动概述：通过欣赏歌曲《小乌鸦爱妈妈》和对父母表达情感，来增进学生与父母之间的感情。

活动流程：

1. 欣赏歌曲：《小乌鸦爱妈妈》。

讨论：小乌鸦是怎么爱妈妈的？我们应该怎么感恩父母？

2. 悄悄话爱心卡。

我们爱爸爸妈妈的方式很多很多，为了表达对他们的爱，请把我们的心愿写在爱心卡上（可由学生说，老师代写），送给爸爸妈妈。在课后把自己的爱心卡献给爸爸妈妈，大声对父母说：爸爸妈妈，我爱你！

3. 在歌曲《感恩的心》中，结束本次团辅活动。

注意事项：教师要营造好课堂氛围，让学生们勇于发言，并帮助学生完成他们的心愿卡。

四、团体活动小结

希望同学们通过本次团体辅导活动，可以更好地了解父母，更加体谅父母，学会换位思考，对父母常怀感恩之情。此外，同学们要时常提醒自己，在情感上能"感受爱"，在思想上能"理解爱"，在行动上能"回馈爱"。

家育课堂第6课　学会感恩

【活动目的】

1. 帮助家长树立培养孩子感恩意识的观念，让家长充分认识到家庭教育引导对孩子成长的重要性。

2. 指导家长用正确有效的方式引导孩子从小事做起，从身边的事情做起，学会回报，懂得感恩。

3. 通过家校结合教育，激发学生感恩的情感。

【辅导重点】

帮助家长和学生认识到生活中感恩教育的必要性、重要性及迫切性，强化家长培养学生学会感恩的观念，同时也激发学生的感恩之情，进而不断弘扬中华传统美德。

【辅导对象】

小学五、六年级轻、中度智障学生的家长。

【活动时长】

1课时。

【辅导流程】

一、主题教育活动一：教育讲座"让孩子学会感恩"

（一）活动导入

孩子能学有所成、自立自强是家长和教师共同的希望，学校要致力于为孩子的成长发展提供一个广阔的舞台。可以说，学校、教师、家长都有一个共同的目标：希望每个孩子学有所成，成为合格的公民，能回报社会、回报父母。

今天，我们的主题是学会感恩，将通过家长和学生们的一些活动，来增强同学们对感恩的认知，进一步和各位家长用正确有效的方式，引导孩子从小事做起，从身边做起，学会回报，懂得感恩。

暖场游戏："相反国"——参与者根据主持人的口令做与之相反的动作。如：主持人说举起左手，参与者则马上举起右手。

做错动作的人要抽签回答以下问题之一：

1. 谈谈"我"的初心（当孩子降临到世界上之前，我不知道未来会遇到什么，当时的我只希望……）。

2. 说说"我"家孩子的成长趣事（孩子出生后给家人带来的欢乐和趣事）。

3. 分享"我"对孩子的期盼。

（二）引导反思

1. 学生诗朗诵《母亲》。

母亲，母亲像冬天的太阳一样，在我遇到挫折时，她会鼓励我、安慰我，温暖我的心。

母亲，母亲像黑夜里的一盏明灯，在我迷失方向时，她会指引我、照亮我，走向光明。

母亲，在我孤独、无助时，她会陪伴我、支持我，使我充满信心。

母亲为了我不辞辛劳，无怨无悔。妈妈，感谢您！妈妈，我爱您！（为活动渲染一种气氛，营造氛围）

2. 引导家长讨论、反思爱的表达方式。（通过讨论让家长明白爱要说出来；了解爱的表达方式有很多，但也要因人而异；知道爱需要回应……）

（三）心声访谈（观看学生视频）

播放学生的访谈视频，听听孩子的心声，让家长进一步了解自己孩子对感恩的理解。

1. 为什么要感谢父母？

2. 你会怎样感谢父母？

（四）分组讨论

1. 家长分组（根据参与人数划分，3~6人一组），每组围绕一个问题进行探讨。

孩子辨别是非的能力不强，需要我们经常引导、教育，当您遇到以下的情况，会如何引导孩子？

问题一：你辛辛苦苦做好了饭菜，孩子坐下来边吃边抱怨：你煮的菜太难吃了，我要点外卖。

问题二：坐在公共汽车上，看到有老人或者比自己小的孩子没有座位，摇摇晃晃地站不稳。

问题三：饭菜已在餐桌上摆好，准备开饭了。奶奶还在阳台收衣服，你的孩子就迫不及待地大口吃起来。

问题四：今天你扭到了腰，忍着痛来接孩子放学，到学校的时间比往常迟了一点，孩子很不高兴，边走边埋怨你怎么这么迟才来接。

2. 请每组家长派一名代表分享小组的问题和答案。

（五）教师支招

怎样引导孩子学会"感恩"？

1. 让孩子在感恩的环境中成长——言传身教，发挥榜样的作用

榜样的力量是无穷的，家长是孩子的第一任老师。观察是人类认识事

物、获取知识的重要途径。人可以通过对他人的行为及其后果的观察，在替代的经验基础上进行学习。家长是孩子最早接触到的观察、模仿的对象，也是主要对象，家长的身体力行胜过一切言语，一言一行都是孩子学习的途径，因此，家长必须通过言传身教，给孩子做一个好的学习的榜样。

2.在与人交往中教孩子不忘感恩——原谅别人的过失，感恩别人的付出。

故事：两个好朋友一起去旅行，途中他们两人发生了争执，其中一个人打了另一个人一耳光。被打的人很委屈，就在沙地上写道："今天，我的好朋友打了我一耳光。"

他们继续往前走，在一个悬崖边，那个被打的人差点摔下悬崖，幸亏他的朋友紧紧拉住了他，把他救了上来。于是他在一块石头上刻下"今天，我的好朋友救了我一命"。

他的朋友觉得奇怪，就问他："为什么我打了你，你就写在沙子上，我救了你，你却刻在石头上？"这个人笑笑说："被朋友伤害时，写在容易忘记的地方，浪潮会帮我把它抹去；相反，得到帮助时，我把它刻下来，任何东西都不能磨灭它。"

3.用经典诗句和故事教育孩子感恩——《游子吟》《投桃报李》等。

我们中华民族自古就有"感恩"的传统美德，留下了许多感恩的故事和诗句，如：《游子吟》"谁言寸草心，报得三春晖"；《增广贤文》"滴水之恩，涌泉相报"；《诗经》"投我以木桃，报之以琼瑶"；故事《投桃报李》《衔环结草》《卧冰求鲤》等。我们可以以背诵诗歌或者讲睡前故事的方式，对孩子进行"润物无声"的教育。

4.给孩子创设"回报"的空间、创造"感恩"的条件——分担家务、节日表达感谢、参加社区服务、捐赠活动等。

（1）让孩子分担家务。

（2）利用生日、节日引导孩子用自己特有的方式（捶捶背、端杯水、自制贺卡或小红花、绘画等）表达感谢、感激、感恩之情。

（3）带孩子参加社区服务、捐赠活动等。

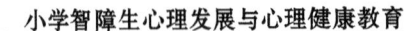

5. 教孩子感恩的方法。

好好学习，不惹家人生气；一个深情的拥抱；亲手做的答谢卡；一杯暖心的热茶；为他人做一件好事……

教育孩子除了感恩父母、亲人，还应感恩朋友、社会，感恩生活，感恩所有……

（六）活动小结

各位家长："羊有跪乳之恩，鸦有反哺之义"。教育孩子学会感恩的方法多种多样，不管采取什么方式，让孩子拥有一颗感恩的心，是我们最终的目的。孩子懂得感恩、学会感恩，他的一生会少许多怨天尤人的不平，会拥有更多和谐幸福的快乐。让我们从一声"谢谢"开始，在生活中，一点一滴地教育孩子学习尊重他人、感谢他人的善行，多些赞美、少些抱怨，以感恩之心爱世界、爱生活。

二、主题教育活动二：亲子互动活动"感恩有你"

1. 请学生完成以下的判断题。

（1）父母工作一天累了，回家后我主动为他们端茶倒水、揉肩捶背。

（2）父母的生日不用记，只要记住自己的就行。

（3）父母生病了，我应该关心、照顾他们。

（4）扫地、洗碗、擦桌子都是大人做的事，我们不用做。

（5）作为学生，在校应该听老师的话。

（通过判断题的形式在思想上再次进行强化。）

2. 我们的故事。

（1）推荐三名同学上台讲一个父母亲关心、疼爱自己的小故事。

（2）家长上台讲孩子关心自己的小故事。（3人）

（3）听了故事，你有什么想法？（家长和孩子互动交流）

（激发学生思想深处的感恩意识，进一步提高他们不断进行感恩的实践付出。）

3.游戏：猜一猜。

（1）分别请出两大组，A组为学生，B组为A组学生的家长。

（2）游戏过程：第一轮的问题是，父亲或母亲喜欢吃什么、玩什么、爱看什么书、爱看什么电视、生日是几月几日？孩子和家长各自把答案写在题板上，然后交流。第二轮的问题是，孩子喜欢吃什么、玩什么、爱看什么书、爱看什么电视、生日是几月几日？孩子和家长各自把答案写在题板上，然后交流。

（3）小结：各位家长和同学们，通过刚才的游戏，你们发现了什么？为什么会这样？（创设条件，增进家长与孩子的情感交流，为家长和孩子今后开展更多活动创设条件。）

4.写感恩卡。

（1）卡片课前进行裁剪、装饰。在卡上写上最想对父母说的话。

（2）学生亲自将这张卡送给父母，并给他们一个深深的拥抱。（播放音乐，孩子的感恩认识从思想提升到行动，使本次活动真正落到实处。）

5.大合唱《感恩的心》。

三、主题教育活动小结

学会感恩，就是要从我做起，从小事做起，亲身感受父母的艰辛、父母的爱，心灵深处受到感动，懂得理解、宽容、体贴、关爱，懂得孝敬父母是为人之本，懂得感恩是快乐生活之源，让每个人的心中充满爱心，使学习更有动力、生活更有意义。同样，我也希望家长们在以后的生活中也能坚持培养孩子的感恩意识，让孩子每天怀着感恩的心去生活、去学习，这样孩子和您的生活也将会变得有意义。

第七部分　毕业季心理调适

　　经过六年小学阶段的教育，智力障碍儿童即将步入中学阶段的学习与生活。中学教育在学习内容、学习要求等方面与小学教育有着很大的差异。小学阶段的培智教育重点关注身体机能的康健以及良好的行为、生活和学习习惯的养成。而初中阶段的培智教育更多地强调生活与生存技能的学习，在学习内容、学习要求等方面都提出了更高的标准。同时，智力障碍儿童在中学阶段进入青春期后所带来的生理上的变化，也将给他们带来极大的困扰。如果不提前对他们进行心理干预，帮助他们调整身心状态，步入初中后极有可能出现一系列的不良反应，如情绪上的焦虑、恐惧，对自我评价的下降，变得孤僻以及出现各种行为问题等。因此，为解决处于学段过渡期的智力障碍儿童入学适应问题，以对小学阶段智力障碍儿童顺利过渡到中学阶段提供帮助为目的的入学前适应性心理干预，必须成为培智义务教育学校心理教育与训练的重要目标和内容。

一、小学智障生小升初主要存在的适应性问题

（一）小学智障儿童社会适应能力弱

　　社会性适应指个体克服困难、解决问题，形成对陌生环境、陌生人际

关系的适应能力的过程。社会性适应主要将遵守规则、完成任务、独立自理和人际交往四个维度作为评判指标。

面对物理环境和心理环境的改变，智障生往往面临更大的挑战。即将告别基本熟悉的小学阶段，面对新的学习任务、新的学习生活规则和新的身心发展阶段，他们可能会不知所措。为了帮助他们更好地应对这种改变，学校可尝试做好小升初适应的前置工作，可重点关注训练儿童适应初中新环境、独立生活能力和新阶段学习的能力；强化遵守课堂内外常规意识，以及服从新指令的规范，帮助他们提前了解初中学习和生活，这对他们尽快适应中学学习生活都有极大的帮助。

（二）小学智障儿童学习性适应能力不足

学习性适应指个体根据环境和学习需要调节身心，从而尽快适应学习环境的过程，包含学生、学习环境与改变三个部分。它是个体为应对学习环境变化所导致学习效能下降，而主动做出改变以适应新环境，获得良好学习效能的能力。智力障碍儿童在学习方面的主动性和积极性不高，兴趣不广泛，对学习缺乏恒心和毅力。学习的持续性与有效性很大程度依附于教师的引导、奖励机制的刺激以及固有行为的建设。一旦固有的学习模式与环境被改变，极易造成学习行为上的困扰，导致学习效能不佳。因此，提前对智力障碍儿童做小学阶段与初中阶段学习内容、方法、模式等方面的过渡性训练和心理建设，将对智力障碍儿童实现学段平稳过渡、学习有效衔接起到至关重要的作用。

（三）小学智障儿童生理障碍严重影响其适应行为

对智力障碍孩子来说，其自身障碍特点对适应行为造成的影响更大。智力障碍儿童因生理上的缺陷而产生的自身学习能力缺乏、人际交往障碍、经常做出异常行为等一系列适应障碍，对其适应能力和适应效果都将产生极大的影响。且智力障碍儿童个体差异非常大，每一个智力障碍儿童在学段转换阶段所表现出来的适应状态和类别都不尽相同。比如，自闭症智力障碍儿童在面对新的学习环境、新同学和教师等时社会性适应的应对能力明显不足。患有唐氏综合征的智力障碍儿童在学习内容与要求等学习性适应方面存在较大障碍。针对不同残障类型、个体，采取个性化、个别化的心理干预和教育手段是实现智力障碍儿童从小学向初中学段平稳过渡的有效策略。

二、智力障碍儿童小升初适应性心理问题及策略

培智小升初阶段智力障碍儿童主要在社会性适应、学习性适应以及生理因素导致的适应障碍这三方面存在一些心理问题。

（一）环境转换导致的适应性心理问题及策略

步入初中阶段的智力障碍儿童，将面临新的学习场所（新教室）与新的人际关系（新老师、新同学）。脱离了熟悉环境所带来舒适体验的智力障碍儿童，将对未知的陌生环境产生天然的恐惧与抗拒，出现一系列的不良反应。例如，抗拒上学，不愿进入新教室，即使进入教室也哭闹不停、烦躁不安；面对新老师、新同学，或沉默寡言，或出现攻击行为；言语、行为上出现退缩性心理及行为等。针对以上问题，对即将升入初中的智力障碍儿童提前进行转衔心理干预极为重要。针对我国特殊教育学校一般为九年一贯制的特性与优势，可以开展前期的熟悉性环境等适应性活动。比如，组织小学六年级的智障生参观初中班级教室，认识初中教师以及同期毕业的同学，提前熟悉中学学习环境、老师和同学。日常教学中，开展针对如何克服人际交往与陌生环境产生的恐惧、抗拒心理的心理课程和团体辅导、个别辅导活动。结合学科教学，进行交往技能的培养与训练。家校合作，开展校外社会实践活动。鼓励家长秉持"带出去、多交流"的态度为孩子创设更多的社交机会，提升孩子适应不同环境以及与不同人打交道的能力。

（二）角色转换导致的适应性心理问题及策略

适应环境的过程是一个自我的再认识过程。智力障碍儿童囿于认知能力的低下，相对于学习环境改变所带来的不适应，对从小学生到初中生身份的转变感受和不适感并不强烈。但是这并不代表智力障碍学生不存在因角色转变带来的心理问题。步入初中阶段，随着智力障碍学生学习、生活经历的积累和年龄的增长，老师、家长以及周围的人会对其行为表现、个人能力给予更高的要求和期盼。特别是部分家长，对孩子多年来学习康复的进展存在脱离孩子自身实际的期望值，如未达预期，则极易将生活压力等负面情绪转嫁给孩子。学校、家庭、社会对智力障碍儿童产生的过高期待无形中影响着他们的情绪，引发适应性心理问题。例如，情绪低落易激怒，刻板行为、攻击性行为增加，对父母、老师的指令表现出叛逆、不服从等。针对智力障碍儿童诸多适应性心理问题的转化，更多的是要靠教师、家长等智力障碍儿童身边人群转变观念和做法。教师和家长要客观评判，承认个体发展存在着差异性和不平衡性，接受部分孩子存在能力与年龄增长成反比的客观事实，正视每一位智力障碍儿童的成长轨迹和现状，消除不切实际的期待。在教育和养育过程中保持良好的心态，提供符合智力障碍学生发展规律、认知规律及现状的学习、训练任务。只有在学校、家庭、社会中形成宽容、平和的生态环境，才能为智力障碍儿童创设和谐、愉悦的学习、生活氛围，帮助他们平稳渡过学段转换期。

（三）学业挫败导致的适应性心理问题及策略

培智中学教育，在学习内容、学习要求等方面与小学教育都有着很大的差异。小学阶段的培智教育主要包含指令服从、机能康复性训练、异常行为的矫正、生活自理能力训练以及基础文化知识传授等内容，重点关注身体机能的康健以及良好的行为、生活和学习习惯的养成。初中阶段的培智教育在小学教育的基础上加大了生活技能、生存技能、文化知识等知识、技能的学习内容，并开始涉及职业教育，对培智学生的学习效果以及学习评价也提出了更明确、更高的要求。学习内容、课程难度的增设与提升，给智力障碍儿童带来了不小的学习压力，让他们对学习产生畏惧和不适应感，严重的甚至会激发自卑、退缩、焦虑情绪，出现不遵守课堂纪律、抵触学习等心理、行为问题，影响初中入学适应水平。

为了提升小升初培智学生的学业适应能力，关键要做好学业过渡与衔接。教师可在小学高年级阶段，提前进行初中相关课程基础技能和学习行为养成训练，提升课程学习能力。比如，强化智力障碍儿童的精细动作、劳动技能的训练，以此提升他们的职业课程学习能力；有意识地强化智力障碍儿童自我控制能力，提升专注力水平，培养良好的学习习惯。开展针对自我认知、缓解焦虑等主题心理教育及辅导活动，提升抗挫能力，应对学习中的压力。教师在训练过程中不可急于求成，要以"小步子、分阶段"的原则逐步增加学习、训练难度。过程中多给予学生鼓励性的言语与行为，让智力障碍儿童在平稳、愉悦的状态中构建起强大的心理屏障，实现小升初平稳过渡。

（四）青春期导致的适应性心理问题及策略

青春期是一个人从儿童生长发育到成年人的关键期，是一个以性成熟为主的包括生理、心理和行为变化的关键时期。智力障碍儿童入学普遍晚于普通儿童，小升初阶段的智力障碍儿童大部分已步入青春期，逐渐呈现第二性特征及相关联的心理变化。这一时期的智力障碍儿童已经开始因生理变化的不适产生各种心理问题。例如，对自己身体产生的第二性特征变化感到恐惧与不适；开始关注自己和别人的外貌形象；对异性产生兴趣；部分智力障碍学生会产生触碰、抚摸异性及自己的生殖器官等问题行为；因生长激素及性激素的分泌，导致情绪波动大，易激怒等情绪问题；同时自我意识萌发，非常叛逆。对智力障碍学生开展青春期性教育对他们身心健康发展、构建健全人格、稳定情绪调节以及更好地适应生活、学会自我保护都有着重大的意义。特别是在刚步入青春期门槛的小升初阶段，及时介入青春期性教育及心理教育，能提升教育的预设性，实现学段入学的社会性适应效果。针对青春期产生的心理问题，可采用以下教育手段：向学生传授青春期生理卫生知识以及应对技能，缓解因生理变化产生的恐慌；开展青春期主题心理课堂、团辅、个辅等心理教育活动，通过游戏、活动缓解因青春期带来的人际交往、自我认知不足导致的心理问题；针对部分问题行为，通过专业的心理、行为治疗手段进行个别化干预和矫正。

三、家庭教育对提升智力障碍儿童小升初适应性的作用及策略

家庭教育对学校教育的效果起到加强或抵消的作用，家长的教育观念、教育方法、父母的职业、受教育水平对孩子都会产生极大的影响。家长的教养方式与孩子的学校适应特别是社会性适应密切相关，对孩子的适应性发展起到直接或间接的作用。同时，教育的效果取决于学校和家庭教育影响的一致性，当家庭和学校教育思想统一时，才能达到最佳效果，这一点在特殊教育中更为重要。因此，智力障碍儿童小升初阶段的适应性教育必须协同家长一同推进。

学校可通过"家长学校"、微信班级群、家长心理课堂、亲子研学活动以及面向家长的心理咨询等各种手段和途径向家长传授育儿知识、沟通技能，让家长了解小升初阶段智力障碍儿童的心理特征、行为表现，以及家庭教育、引导方法。家长的正确引导和安抚，对稳定智力障碍儿童的情绪，形成良好的生活、卫生、行为习惯起到积极的作用。能减少智力障碍儿童因适应障碍引起的行为、心理问题，实现智力障碍儿童小升初的平稳过渡。家校协同也让家庭教育成为学校教育的延伸，实现"1+1>2"的教育效果。

四、毕业季心理调适主题心理健康教育实践

第25课 我长大了

【教师寄语】

同学们，转眼你们来到学校读书已经六年了。六年前刚步入小学的你们个子小小的，老师要蹲下来才能跟你们面对面交流。现在很多同学的身高都超过老师了，有的同学还喜欢跟老师比身高，得意地说："我长大了！"但是个子变高了就真的长大了吗？一个经常哭闹又任性，啥事都要爸爸妈妈帮忙做的大个子，你们觉得他真的长大了吗？同学们，个子变高只代表身体长大了。心理成熟、言行得体才是一个人真正长大的标志。让我们一起走进今天的课堂，破解成长的奥秘，让自己得到真正的成长吧！

【教学对象】

小学六年级轻、中度智障生。

【学习目标】

1. 了解现阶段"长大了"的具体体现以及需要承担的责任。

2. 能在老师的指导下反思自己不符合"长大了"设定的行为与思想，提升自我认识。

3. 能在老师的引导下拟定一份成长计划。

【课堂约定】

1. 认真倾听，不随意打断他人发言。

2. 有需求时举手表达，勇敢地说出自己的想法。

3. 不随意批评他人的观点，用掌声对他人的发言表示鼓励。

4. 参与游戏之前要认真听老师讲规则，保持专注的状态。

【资源准备】

1. 歌曲音频《童年》。

2. 学生小时候的照片或视频、成长树图片。

3. 红、黄、黑、三种颜色的水彩笔。

4. （含有上课、看书、写字、画画、煎鸡蛋、扫地、写作业、笑脸、看病、做操、排队、洗手、穿衣、上厕所、吃饭等）的字卡或图卡。

【教学流程】

一、活动导入

在背景音乐《童年》的渲染下，欣赏学生刚入学时的照片、视频，让学生回忆小时候刚入学时自己的样子，再比较现在的样子，初步感知成长。

二、主题活动一：我的成长树

游戏规则：成长树的空格中贴有体现学生生活、学习、劳动等场景的图片，如上课、看书、扫地、写作业、笑脸、看病、做操、排队、洗手、穿衣、上厕所、吃饭等。学生根据自我表现及自我满意度，在成长树上相应的图卡里画上不同颜色的圈（表现很好画红色圈，表现一般画黄色圈，表现不好画黑色圈）。

三、主题活动二：讨论察觉

1. 反思与分享：

（1）比起小时候，我在身体上的最大变化是……

（2）我会做……

（3）我对自己不满意的地方……

（4）我对自己表现最满意的地方……

2. 夸夸自己：

学生结合成长进步树的内容，运用："我……我真棒！"表扬自己：

我长高了，我真棒！

我会帮爸爸妈妈洗碗、扫地，我真棒！

我会写字，我真棒！

我会画画，我真棒！

我会自己上下学，我真棒！

我会煎鸡蛋，我真棒！

……

四、拓展活动：制订成长计划

1. 学生结合成长树中的内容，在老师的引导下回忆平时的学习生活，反思有哪些不足，有哪些方面要改进。

2. 说说自己哪方面还可以做得更好，把上课、看书、写字、画画、煎鸡蛋、扫地、写作业、笑脸、看病、做操、排队、洗手、穿衣、如厕、吃饭等字卡或图卡贴在相应的表格里，制订一份成长计划。

×××成长计划

做得好的地方	要改进的地方

五、课后作业

把自己的成长进步树和成长计划分享给家人、朋友，让他们一起做协助者，帮助你执行成长计划。

【课外拓展】

和家人聊一聊你对自己最满意的地方。

第26课　我有点不一样了

【教师寄语】

同学们，你们是不是觉得随着年龄的增长，自己变得有点不一样了？是不是个子长高了，体重增加了；男孩子有了喉结，嘴巴边长出了毛茸茸的小胡子，声音也变粗了；而女孩子胸部开始有点胀胀的，声音变得尖细了……很多同学对自己身体上的变化感到害羞、不安和焦虑。同学们，不要害怕，老师要祝贺你们，你们已进入了人生的一个关键期：青春期！进入青春期预示着你们即将成长为像爸爸妈妈和老师一样的大人，这些身体上的变化都是你们即将变成大人的标志，青春期也是你们从儿童向成人的过渡期。今天就让我们走进青春期心理健康课堂，和老师一起化解青春期的烦恼，健康成长吧！

【教学对象】

小学六年级轻、中度智障生。

【学习目标】

1. 知道进入青春期身体上、心理上有哪些变化。
2. 知道男女之间哪些事情可以做，哪些事情不可以做。
3. 知道保护自己不受侵害的方法。

【课堂约定】

1. 认真倾听，不随意打断他人发言。
2. 积极参与课堂活动，勇敢地表达内心真实想法。
3. 不随意批评他人的观点，用掌声对他人的发言表示鼓励。
4. 参与游戏之前要认真听老师讲规则，保持专注的状态。

【资源准备】

1. 学生婴儿期、刚入学儿童期和现在的照片各一张（家长协助准备）。
2. 关于不良行为以及自我保护的小视频。

【教学流程】

一、活动导入

游戏名字：大风吹。

游戏目的：强化智力障碍儿童对男、女性别的认知，为下一步教学做铺垫。

游戏规则与玩法：

学生围成一个圈坐好，老师在圈中发口令："大风吹，大风吹，男/女同学请站起来！"这时男/女同学要迅速从座位上站起来。没按要求听指令的学生表演节目。

二、主题活动一：青春期的我长得很好看

1. 图片观察

（1）展示一个男同学和一个女同学婴儿期照片，提问："猜猜可爱的小宝宝是谁呀，他/她是什么样子的？"

（2）展示学生刚入学时期的照片（男、女同学各一张），提问："照片上是谁呀？猜猜这是什么时候的照片？照片上的他/她是什么样子的？"

（3）展示学生现在的照片（男、女同学各一张），提问："照片上

是谁呀？现在他/她是什么样子的？"

通过观察、讨论，让学生了解不同发育时期以及各个时期的身体特征，并知道自己现在处于青春期。

2.深入探究

（1）猜一猜

学生依次将自己的各个时期照片拿出来，请其他同学猜是哪个时期。

（2）说一说

学生在教师指导下结合自己生长发育过程，说一说现在自己的身体比儿童期有哪些不同。

教师归纳青春期身体上的变化及特征：长高了、变重了；男孩子有喉结了，嘴巴边长出了毛茸茸的小胡子，声音也变粗了；而女孩子胸部开始有点胀胀的，声音变得尖细了，来月经了……

三、主题活动二：青春期的我有些小脾气

1.说一说：自己平时遇到了哪些不开心的事？什么事情会让自己心情变得不好。

2.演一演：

（1）老师、学生表演处于青春叛逆期同学的动作与言行，学生通过举牌，评判哪些行为是错误的，哪些是正确的。

（2）如果是你，遇到同样的情景你会怎么做？请学生上台表演。共同讨论正确的言行以及转变坏心情的方法。

四、拓展活动：青春期的我要好好保护自己

1.观看青春期自我防护小视频。

2.教师结合小视频归纳青春期自我防护要点：不管男生、女生，穿泳装时，被遮住的部位不可以让别人触摸；不要随意接受陌生人的礼物，特别是食品，不跟陌生人走；如果遇到了侵害，一定要告诉爸爸、妈妈和老师……

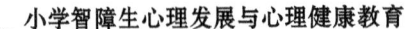

五、课后作业

回家在爸爸妈妈的指导下，学习青春期生理卫生保健处理和防护知识。

【课外拓展】

和家人聊一聊身体的哪些部位不能随便给别人看。

第27课　我要上中学了

【教师寄语】

同学们，明年你们就要成为一名中学生了。成长的道路并不是一帆风顺的，总是伴随着这样和那样的烦恼。就像是一场打怪游戏，要跨过一个又一个学习难关，消灭一个又一个阻挡我们成长的情绪怪兽、迎接一个又一个未知挑战，才能抵达成长的彼岸。不久的将来，你们将从小学跨入到中学的学习阶段。新的学习环境、新的学习内容，是即将成为中学生的你们要面临的新挑战。在今天的课堂上，老师将和你们一起展望、规划中学生活，为战胜这新的挑战做好充分的准备！老师也相信你们，通过不懈的努力，一定能成为这场成长游戏的大赢家！

【教学对象】

小学六年级轻、中度智障生。

【学习目标】

1. 能了解小学、中学学习与生活的不同之处。
2. 能用积极的心态面对未知的将来。
3. 能在老师指导下，对未来的中学学习、生活有初步的规划。

【课堂约定】

1. 认真倾听，不随意打断他人发言。

2. 积极参与课堂活动，勇敢地表达内心真实想法。

3. 同学们所做的分享在课堂结束后不要随意谈论。

4. 参与游戏之前要认真听老师讲规则，保持专注的状态。

【资源准备】

1. 小学和中学的课表各一张。

2. 中学教室、中学老师照片。

3. 关于中学学习的小视频。

【教学流程】

一、热身活动

游戏名字：深沟取宝。

游戏目的：让学生在蒙眼找物和睁眼找物的不同体验中，感受提前预知与否对心态、事情成功的影响。

游戏道具：能伸手进去的透明塑料或玻璃容器一个，各种材质或手感的物体若干（一把图钉、一个塑料小球、一个一元硬币、一块橡皮泥等），一个眼罩。

游戏规则与玩法：

将一把图钉和一个塑料小球、一个一元硬币、一块橡皮泥等物品混合在一起，放入透明容器中。学生选择在不戴眼罩或戴眼罩的情况下，按老师的指令从容器中取出指定物品。在戴眼罩的情况下完成任务的同学，奖励三个代币；在不戴眼罩的情况下完成任务的同学，奖励一个代币。

二、主题活动一：中学生活是怎么样的

1. 出示小学的课表和中学的课表，让学生比较小学课程和中学课程有什么不同，如学习的科目变多了，上课的时间变长了等。

2. 观看小视频，通过观看中学的哥哥、姐姐上课情况，如上了哪些课、

在哪里上课、课间和课后在做什么，了解中学生的一日学习、生活安排。

3. 出示中学部的教室、老师和同学们的照片，让学生提前熟悉中学部的学习环境和老师、同学。

三、主题活动二：畅想中学生活

初步了解中学生的学习、生活情况后，请几名学生谈一谈自己的感受，分享自己对中学生活的畅想：最期待中学的哪一门课？最想和谁继续做同学……

四、主题活动三：上中学，我要做什么准备

说一说，要成为一名中学生我的思考与计划：

1. 现在我已经具备了哪些优势条件。
2. 我还有哪些不足。
3. 我准备怎么做。

五、课后作业

和爸爸妈妈一起分享、探讨我对于成为一名中学生的思考与计划。

【课外拓展】

带学生前往中学部，了解中学部的环境，观摩中学部的哥哥姐姐上课，认识中学部的老师。

第28课　我要结识新朋友了

【教师寄语】

同学们，很快你们就要小学毕业，成为一名中学生了。即将离开熟悉的同学、老师，去到一个新环境，加入一个新集体。在六年的小学生活中，

我们通过真诚的付出，收获了一段段珍贵的友谊，串联起了我们班级同学之间的良好情谊。在本课中，老师要和大家在总结、回顾小学和谐班集体建设的基础上，探讨如何在即将到来的中学生活中构建良好的人际关系。一起探究人际交往技巧，帮助大家克服"社交恐惧"，与他人愉快交往。

【教学对象】

小学六年级轻、中度智障生。

【学习目标】

1. 认识人际交往的重要性。
2. 在活动中感受良好的人际交往带来的积极体验。
3. 在老师的指引下，探索并掌握人际交往的技巧。

【课堂约定】

1. 认真倾听他人，不随意打断他人发言。
2. 积极参与课堂活动，勇敢地表达内心真实想法。
3. 同学们所做的分享在课堂结束后不要随意谈论。
4. 参与游戏之前要认真听老师讲规则，保持专注的状态。

【资源准备】

1. 每位学生准备 1~2 件自己亲手制作的小手工。
2. 人际交往情景小视频。

【教学流程】

一、热身活动

游戏名称：串名字。

游戏目的：尽快使同学之间互相了解。培养学生识记别人名字的意识和习惯，并在自己的名字不断被提到时，体验被人重视的感觉。

游戏规则：学生四人围成一圈，随机让一位同学自我介绍姓名，第二位同学接着介绍，但是要说：我是×××后面的×××。第三位同学说：我是×××后面的×××的后面的×××。依次下去，最后介绍的一位同学要将前面所有同学的名字复述一遍。

二、主题活动一：温情时刻

1. 即将小学毕业，现在的老师和同学不能继续陪伴我们了，但是他们带给我们的快乐、感动、温情始终是我们最珍贵的回忆。请同学们回顾你在小学生涯中，最难忘的和同学、老师交往的温情时刻，说一说你们之间的故事，并把课前准备的，自己亲手制作的手工作品送给他们！

2. 教师引导学生归纳、提炼刚刚分享的人际交往温情时刻中包含了哪些人际交往的优秀品质。

三、主题活动二：我的人际交往秘诀

1. 人际交往中优秀的品质可以帮助我们建立良好的人际关系。请同学们观看人际交往情景小视频，看看在人际交往中，哪些行为是对的，哪些行为是不可取的。

2. 思考：看了小视频，人际交往中的好品质到底有哪些呢？让我们一起来归纳人际交往中能体现好品质的具体做法，整理后，写一本《人际交往秘籍》吧。

如：秘籍一：善于倾听。

具体做法：朋友倾诉时，认真听，不随意打断。

秘籍二：控制情绪。

具体做法：控制好自己的情绪，不对朋友乱发脾气。

秘籍三：讲究卫生。

具体做法：勤洗澡、勤换衣，注意个人卫生，身上没有异味。

秘籍四：乐于助人。

具体做法：朋友遇到困难，热心帮助他。

秘籍五：乐于分享。

具体做法：愿意和朋友一起分享自己喜欢的东西，能愉快地和朋友一起玩玩具、看书、品尝美食等。

秘籍六：_____

具体做法：_____

……

四、主题活动三：掌握沟通小技巧

1. 同学们，第一印象在人际交往中非常重要，如果初次见面能给对方留下好印象，能为今后的友情建立打下良好的基础。老师给同学们分享几个初次见面沟通小技巧，等你们进入到中学后，初次见到新老师、新同学时可以试一试哦：

（1）主动打招呼："老师您好！""嗨，你好！"

（2）主动介绍自己："我叫×××，很高兴认识你，你叫什么名字？"

（3）分享自己喜欢的事情："我喜欢小狗，我家养了一只小狗，你有养吗？""我喜欢看《×××》动画片，你看过吗？我最喜欢里面的×××，你喜欢里面的谁？"

（4）对别人的一些喜好表示共鸣："我也喜欢画画""我也是这样想的"。

（5）给予真诚的赞美："你画得太好了！""你做得真棒！"

2. 演一演：

小星上中学的第一天，见到新老师和新同学，他非常紧张。请你根据老师教的小技巧，表演一下初次见面要怎样沟通、交流，教教小星跟新老师、新同学打交道的方法吧。

五、课后作业

跟爸爸妈妈分享课堂所学的沟通技巧。

【课外拓展】

运用老师教的沟通小技巧，尝试主动和小区的小朋友交流，结识新朋友。

团体辅导第 13 课　缓解焦虑　快乐前行

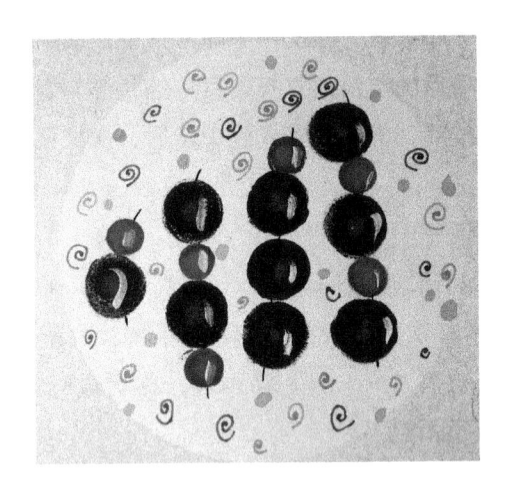

【活动目的】

1. 舒缓因面临毕业而产生的焦虑情绪。
2. 了解缓解焦虑的方法。
3. 学会用积极的心态面对毕业带来的焦虑情绪，从容迎接升学。

【辅导重点】

小学培智学生面临毕业导致的环境转换，易产生对未知生活的焦虑。通过心理团辅活动，让学生在轻松的氛围中舒缓积累的焦虑情绪，调整心态，把注意力和精力集中在当前的学习和生活上，用积极的心态面对毕业带来的焦虑情绪，从容迎接升学。

【辅导对象】

小学六年级轻、中度智障生。

【活动时长】

1课时。

【辅导流程】

一、团辅主题导入活动：合力吹气球

参加人数：学生6个人一组。

活动道具：6张签，写上：嘴巴、手（2张）、屁股、脚（2张）；气球（每个组一个）。

活动玩法：

1.将学生们分成几个小组，3人为一组。

2.小组的每个人抽签。

3.抽到"嘴巴"的人借着抽到"手"的两个人的帮助，把气球给吹起来（抽到"嘴巴"的人不能用手碰气球）。

4.哪个组最先把气球吹到指定的大小并绑好就是胜利。

二、团体主题活动一："心"中的障碍

1.活动的过程：在活动室的中间留有一个通道，通道上放有一些障碍物，然后请出一位成员，要求他蒙着眼睛沿通道从活动室前面走到后面去。先请他看好要走的通道，然后蒙上他的眼睛。这时让其他成员悄悄搬开通道中的障碍物。这位成员会小心翼翼地、摸索着向前走，因为他害怕碰到障碍物。

2. 引导学生进行经验分享

（1）被蒙眼睛的成员在活动过程中有什么想法？（紧张、害怕、担心等）

（2）观察的其他成员，猜猜他们的想法是什么？

3. 教师引导

紧张、害怕、担心等情绪有时就会成为我们"心"中的障碍物，削弱我们的信心，阻碍我们的行动。快毕业了，很多同学都感觉到了紧张。今天我们一起学习怎样把"心"中这些障碍物搬开，放松心情去努力和奋斗。

三、团体主题活动二：缓解焦虑放松训练

活动准备：音响，用于放松的音乐。

1. 自我放松操。

第一节，握拳法：

（1）把双手平放在桌上，掌心向上；

（2）握拳；

（3）越握越紧，手臂肌肉紧张僵硬；

（4）慢慢放松紧握的双拳；

（5）完全放松。

以上动作重复三次。

第二节，双臂摸肩：

（1）抬起双臂；

（2）双臂向后弯曲；

（3）双臂向肩后摸去；

（4）双臂用力摸肩后，前臂肌肉和腹肌收紧；

（5）放松双臂，恢复到自然状态。

2. 深吸一口气舒服地伸懒腰，打哈欠。

四、团体活动小结

同学们，毕业并不是结束，它意味着新的开始！让我们抛开对未来不切实际的猜想，把注意力和精力集中在当前的学习和生活上。当你感到焦虑时，用老师教你的方法去仔细体会放松的感受，用积极、乐观的心态去面对毕业，从容迎接升学。

团体辅导第14课　让生命绽放

【活动目的】

1. 能在活动中舒缓情绪，释放压力。
2. 能在老师的指导下展望未来，明确今后的学习与生活目标。
3. 树立良好的心理品质和行为意识。

【辅导重点】

小学六年级正处于适应社会的关键时期，又恰逢生理、心理变化阶段。同时，随着年龄的增加，培智学校的孩子也开始慢慢接触社会，来自家庭、学校、社会的多重压力也会逐步增强。所以这一阶段是各种心理矛盾、冲突的多发期。通过本次团辅活动，帮助学生释放平时积累的压力，培养并树立良好的心理品质和行为习惯，明确生活、学习目标，帮助他们平稳度过小升初过渡期。

【辅导对象】

小学六年级轻、中度智障生。

【活动时长】

1课时。

【辅导流程】

一、团辅主题导入活动：吹走烦恼

每一位学生准备一个或几个气球，让学生在节奏感较强烈的音乐中吹气球，并告诉学生，心里想着最烦恼的事情，用力地吹大气球，让我们把不开心吹走！

通过这个游戏告诉学生：我们在生活中会遇到不少烦恼，我们可以运用各种形式把它发泄出来，除了吹气球还可以到情绪宣泄室揍假人、到公园跑步、登到山顶大声吼叫、到爸爸妈妈怀里大哭等等。把不良情绪通过不伤害他人的形式发泄出来，保持我们心情的愉悦。

二、团体主题活动一：快乐记忆

1. 播放学生六年在校学习、生活的小视频。
2. 请学生结合小视频，分享这六年在学校学习生活最难忘或者最快乐的事。

学生在回忆自己美好的人生片段中，激发出对生活的热爱，从而感受生命的美好。

三、团体主题活动二：生命体验（音乐冥想）

1. 播放海浪拍岸（备选：虫鸣鸟叫、清风徐徐）的冥想音乐（播放时间：3分钟）。
2. 要求学生闭上眼睛聆听，静静地感受音乐中所蕴含的大自然的生命气息。
3. 播放结束后，请学生说一说：在刚才的音乐中你都听到了什么？有什么感受？你喜欢这些声音吗？

让学生在舒缓的、充满自然生命气息的音乐中放空心灵，释放压力，体验生活和生命气息，激发积极生活的欲望。

四、团体主题活动三：我的生命树

1. 给每个同学发一张纸，纸上有一棵高高的"生命树"，生命树粗壮的主干上，交替生长着节节攀升的树枝。每一根树枝代表一个年龄段（学生自己设定每一阶段的年龄段）。

2. 让学生发挥想象，畅想未来：我在××岁的时候要做什么？然后在每一段上写上或者画上自己会在不同的年龄段做的事（能力弱的孩子，教师可提供图卡，让学生自行选择并贴在树枝上）。教师可以适当引导，给学生提供一些选项，供学生选择。让学生在这一过程中，初步形成生命历程的概念。

3. 学生相互分享自己的"生命树"。让学生在描绘自己的"生命树"的过程中，体验生命的美好以及不可预见性，唤起学生规划、把握和珍爱生命的意识。

五、团体活动小结

同学们，你们喜欢今天的活动吗？开不开心呀？希望通过本次活动，你们能明白：人生虽然充满挑战，但是美好事物却更多！希望同学们通过本次活动的体验，能够感受到生命的价值、生活的快乐，开开心心地享受生命的快乐！

家育课堂第 7 课　做好升学的准备

【活动目的】

1. 明确小升初孩子将要面临的具体问题。
2. 了解家庭育儿的方法以及注意事项。

【辅导重点】

让家长明确智力障碍儿童小升初阶段将要面临的具体问题，以及在家

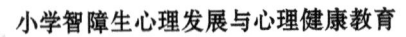

庭教育中为孩子做升学适应性辅导的方法和注意事项。帮助智力障碍儿童平稳度过小升初学段转换期。

【辅导对象】

小学六年级轻、中度智障生的家长。

【活动时长】

1课时。

【辅导流程】

一、主题教育活动一：了解问题

1. 时光回忆

春去秋来，在不知不觉中，各位家长和学校一起共同陪伴孩子度过了六年的小学生活，在座各位家长的孩子要成为一名中学生了。六年来，我们一起见证了他们的努力与成长。现在请大家一起来看一段小视频，重温孩子们六年来成长的足迹。

小视频："我们毕业了"

2. 升学困惑

小学阶段的培智教育重点关注学生身体机能的康健以及良好的行为、生活和学习习惯的养成。而初中阶段的培智教育更多地强调生活与生存技能的学习，在学习内容、学习要求等方面都提出了更高的标准。

在小升初的转换过程中，孩子们会面临什么问题？

（1）因学习环境与人际关系的变化导致的不适应；

（2）因角色转换导致的自我认同适应性问题；

（3）课程难度与要求提升导致的学习适应性问题；

（4）青春期带来的生理变化导致的行为与情绪问题。

以上是智障儿童处于小升初学段转换期普遍面临的问题，根据孩子的个体差异性，每个孩子的具体表现会有所不同。作为最了解他们的家长，我们要根据自己孩子的情况制订具体的辅导计划。

二、主题教育活动二：育儿支招

家庭和学校是孩子生活与学习的摇篮，要让特殊的孩子们成长得更好，需要家庭与学校密切配合。所以为了更好地迎接升学，家长也应该提前辅助孩子形成良好的生活、学习习惯。

1. 文明的日常生活习惯

智障孩子对学习的接受能力远不能与智力正常的孩子相比，在家庭教育过程中，作为家长，要求孩子做到的事，家长自己首先要做到。家长与孩子朝夕相处，接触的时间最长，因此孩子良好行为品德的形成，受家庭教育的影响很大。家长在家里应该教会孩子使用"请、谢谢、对不起、再见"等礼貌用语，还要教会他们日常礼仪，如问候亲朋好友、孝敬长辈、懂得感恩。常言说：言传不如身教。家长以身作则才是最好的教育。

2. 规范的自理习惯

生活自理的训练是孩子立足社会的关键。提高孩子的生活自理能力是孩子立足社会的基础。如果不能给孩子锻炼和发展的机会，最终只会养成孩子衣来伸手、饭来张口的恶习，这样只会害了孩子的一生。孩子最终要步入社会，希望家长在家里既不要过分溺爱，也不要置之不理或者进行体罚教育，这些简单粗暴的教育手段都不可能让孩子很好地适应社会。在家里，家长们应该耐心地培养孩子良好的穿衣、洗漱、卫生、劳动等习惯，教育他们自己的事情自己做，少吃零食，不偏食，有良好的作息习惯，而且日常生活中还应教会他们注意安全（水、电、火、交通、食物中毒），养成勤俭节约的好习惯。这些都需要家长们长期地坚持和付出。

3. 良好的学习习惯

智力障碍孩子要想学会一点知识，掌握一定技巧，比正常人要付出更多的努力，因为他们识记速度缓慢，保持不牢固，再现不准确，遗忘快；而且智力障碍孩子通常伴随言语障碍，他们词语贫乏，理解能力差，语言能力发展缓慢,注意力还容易分散,注意范围狭窄。当然,他们也有优点,比如他们的无意注意很好,而且对色泽鲜艳的物品,以及儿歌、游戏非常感兴趣;所以家长对智力障碍孩子给予指导时务必做到耐心和细心。利用孩子喜欢的儿歌、游戏,把要教授的知识贯穿其中,利用无意注意引导孩子对知识的学习。相信家长们只要有耐心,利用小步子、多循环的教育方法进行引导,就会取得一定的成效。引导的时候要善于运用正面激励性语言,会有事半功倍的效果。给孩子制订一定的学习目标,遇到挫折时切勿中途放弃,要耐心地、反复地给予教导。要相信孩子是有可塑性的。

4.恰当的青春期引导

六年级的孩子已经进入青春期,面对青春期身体上的变化,孩子会觉得非常困扰,同时会产生一些触摸生殖器、拥抱异性、无端生气等不良行为。面对这些行为,家长要持以良好的心态,与学校一起科学地对孩子进行青春期性教育以及不良行为转化训练。指导孩子养成良好的青春期生理卫生行为习惯,如月经期卫生巾的使用、生殖器卫生保洁等。面对孩子情绪上的波动,家长要避免粗暴地管教,而是在摸清规律、缘由的前提下施以科学的介入和转化。

5.给家长提出的建议

(1)接受孩子,不要抱怨,多给予孩子耐心、信心,记住孩子都是有可塑性的。

(2)结合你与孩子制订的规划,制订目标并进行训练,训练时应注意分解目标,根据情况制订小目标,以正面的态度激励他们付诸实践。

(3)在日常生活中注意训练孩子的社会化行为和生活自理能力。

(4)多与专家、老师以及别的家长相互交流训练情况,总结经验,再接再厉。

(5)不做"保姆式"父母。

三、拓展延伸

1.为自己的孩子做一份目标达成表,力求完成规划目标。

2. 为每位家长下发一张白纸，请家长写下课后心得。

3. 有疑问的家长可通过跟老师沟通进行解疑。

四、主题教育活动小结

家长们通过本次活动的学习，家长们进一步明确小升初即将面临的问题及前置工作。希望家长们能以积极的态度，正确认识孩子的能力，一如既往地配合学校工作，为孩子做好规划并给予适当的家庭教育，为孩子成长保驾护航。

参考文献

[1] 彭聃龄. 普通心理学[M]. 北京：北京师范大学出版社，2019.

[2] 林崇德. 发展心理学[M]. 北京：人民教育出版社，2018.

[3] 叶奕乾. 普通心理学[M]. 上海：华东师范大学出版社，2010.

[4] 雷雳. 发展心理学[M]. 北京：中国人民大学出版社，2021.

[5] 佘双好. 毕生发展心理学[M]. 武汉：武汉大学出版社，2013.

[6] 庞向前，王银杰. 儿童情绪心理学[M]. 北京：当代世界出版社，2018.

[7] 朱智贤. 儿童心理学[M]. 北京：人民教育出版社，2018.

[8] 杨敏毅，吴杈. 读懂小学生[M]. 北京：中国人民大学出版社，2016.

[9] 陶红亮. 中小学生心理健康知识读本[M]. 北京：应急管理出版社，2020.

[10] 乐庆辉. 青少年情绪心理学[M]. 北京：当代中国出版社，2019.

[11] 慧杰. 青少年叛逆心理学[M]. 北京：当代中国出版社，2019.

[12] 张大均. 教育心理学[M]. 北京：人民教育出版社，2015.

[13] 陈琦，刘儒德. 当代教育心理学[M]. 北京：北京师范大学出版社，2019.

[14] 皮连生. 教育心理学[M]. 上海：上海教育出版社，2011.

[15] 吴庆麟. 教育心理学[M]. 上海：华东师范大学出版社，2010.

［16］燕良轼．教育心理学［M］．上海：华东师范大学出版社，2018．

［17］冯忠良．教育心理学［M］．北京：人民教育出版社，2015．

［18］李伯黍，燕国材．教育心理学［M］．上海：华东师范大学出版社，2010．

［19］张红梅，朱丹．小学教育心理学［M］．北京：北京师范大学出版社，2013．

［20］何先友．教育心理学［M］．北京：中国人民大学出版社，2019．

［21］边玉芳．教育心理学［M］．杭州：浙江教育出版社，2009．

［22］蔡万刚．儿童教育心理学（图解版）［M］．北京：中国纺织出版社，2021．

［23］万莹．教育孩子要懂的心理学［M］．长春：吉林文史出版社，2019．

［24］叶一舵．中小学心理健康教育课课堂实录45例［M］．福州：福建教育出版社，2018．

［25］程奇．中小学心理健康教育课教学设计56例［M］．福州：福建教育出版社，2018．

［26］田文．中小学心理健康教育活动设计与实施［M］．北京：清华大学出版社，2013．

［27］俞国良．中小学校心理健康教育研究［M］．北京：北京师范大学出版社，2020．

［28］李美晔，刘燕华，李澍晔．小学生心理建设53例［M］．北京：中国经济出版社，2021．

［29］张明．小学生心理健康教育（心理教师用书）［M］．北京：中国轻工业出版社，2008．

［30］叶一舵．中小学心理健康教育教程［M］．福州：福建教育出版社，2015．

［31］林崇德，俞国良．中小学心理健康教育指导纲要解读［M］．北京：北京师范大学出版社，2013．

［32］林洁，彭春梅，曾建兴．中小学心理健康教育主题班会40例［M］．福州：福建教育出版社，2018．

［33］李远．中小学心理健康教育操作实务［M］．太原：希望出版社，2016．

［34］彭跃红，贺小卫．小学生心理健康教育［M］．北京：清华大学出版社，2018．

［35］傅宏，王晓萍．小学心理健康教育［M］．北京：中国轻工业出版社，2008．

［36］许思安，莫清瑶．小学心理健康教育实务［M］．北京：清华大学出版社，2013．

［37］涂红涛．绽放生命的精彩［M］．北京：现代教育出版社，2019．

［38］单丹丹．青少年心理健康教育校本教材［M］．合肥：合肥工业大学出版社，2012．

［39］刘春雷，崔继红．青少年心理咨询与辅导［M］．北京：清华大学出版社，2020．

［40］王溢嘉．给青少年的74封信［M］．北京：台海出版社，2020．

［41］卢家楣．青少年心理十万个为什么［M］．北京：科学出版社，2018．

［42］中国社会科学院语言研究所词典编辑室．现代汉语词典（第6版）［M］．北京：商务印书馆，2012．

［43］［英］阿瑟·S.雷伯．心理学词典［M］．上海：上海译文出版社，1996．

［44］加涅．学习的条件和教学论［M］．上海：华东师范大学出版社，1999．

［45］皮连生．学与教的心理学［M］．上海：华东师范大学出版社，1997．

［46］燕国材．中国心理学史［M］．浙江：浙江教育出版社，1998．

［47］燕良轼．高等教育心理学［M］．湖南：湖南人民出版社，2010．

[48] 奥苏伯尔. 教育心理学[M]. 北京：人民教育出版社，1994.

[49] 班杜拉. 思想和行动的社会基础——社会认知论[M]. 上海：华东师范大学出版社，2001.

[50] 张积家. 心理学[M]. 青岛：青岛海洋大学出版社，1994.

[51] 罗曼·罗兰. 米开朗琪罗传[M]. 北京：华文出版社，2013.

附录一 智障生心理健康教育评价相关量表

一、一般自我效能感量表

1. 基本信息

姓名：_____ 年龄：_____

性别：□男 □女 班级：_____

2. 自评量表

说明：以下10个句子关于你平时对自己的一般看法，请你根据你的实际情况（实际感受），在右面合适的位置上打"√"。答案没有对错之分，对每一个句子无须多考虑。

	不正确	有点正确	多数正确	完全正确
如果我尽力去做的话，我总是能够解决问题的				
即使别人反对我，我仍有办法获得我所要的				
对我来说，坚持理想和达成目标是轻而易举的				
我自信能有效地应付任何突如其来的事情				
以我的才智，我定能应付意料之外的情况				
如果我付出必要的努力，我一定能解决大多数的难题				
我能冷静地面对困难，因为我信赖自己处理问题的能力				
面对一个难题时，我通常能找到几个解决方法				
有麻烦的时候，我通常能想到一些应付的方法				
无论在我身上发生什么事，我都能应对自如				

二、学生单元活动反馈表

年级：_____　姓名：_____　日期：_____

指导语：亲爱的同学们，现在进行的是关于以"＿＿"为主题的团体辅导活动的活动反馈调查，调查的结果将用于心理健康教育，所答问卷将严格保密。所答问题没有对错之分，请同学们按照自己的实际情况认真作答，回答越真实，问卷越有效。要求：请在相应选项上打"√"。

1. 你是否喜欢这个团体？
1) 非常不喜欢　2) 不喜欢　3) 无所谓　4) 比较喜欢　5) 非常喜欢

2. 你对整个团体辅导过程是否满意？
1) 非常不满意　2) 不满意　3) 一般满意　4) 比较满意　5) 非常满意

3. 参加了团体辅导后，你是否有收获？
1) 几乎没有收获　2) 收获不大　3) 一般　4) 收获较大　5) 很有收获

4. 团体辅导活动是否影响并改变了你的学习生活？
1) 没有影响　2) 较少影响　3) 一般影响　4) 比较有影响　5) 非常有影响

5. 参加了本团体辅导后，你是否清楚地认识自己的＿＿＿？
1) 不清楚　2) 有点清楚　3) 一般　4) 比较清楚　5) 非常清楚

6. 参加了本团体辅导后，当＿＿＿时，你是否清楚该如何应对？
1) 不清楚　2) 有点清楚　3) 一般　4) 比较清楚　5) 非常清楚

7. 你是否较好地掌握了＿＿＿的方法？
1) 很差　2) 较差　3) 一般　4) 较好　5) 非常好

8. 团体辅导活动过程中的＿＿＿的技能对你是否有帮助？
1) 没有帮助　2) 较少帮助　3) 一般　4) 比较有帮助　5) 非常有帮助

9. 团体辅导活动是否影响了你对＿＿＿的心态？
1) 没有影响　2) 较少影响　3) 一般影响　4) 比较有影响　5) 非常有影响

10. 如果用一些关键词描述你在团体活动中的感受,你会选择哪些?(可以多选)

  1) 开心 2) 信任 3) 分享 4) 真诚 5) 责任 6) 放松 7) 思考

  8) 自信 9) 积极 10) 其他_____

11. 在这几次团体辅导活动中,对你帮助最大的单元是什么?为什么?

12. 参加了本次团体辅导活动,你有什么收获?你的学习生活发生了什么变化?

三、教师单元活动反馈表

班级:_____ 课程:_____ 评价等级:_____

类别	具体内容	评分
注意状态	1. 教师讲解或演示时能目光注视老师	
	2. 听讲、练习或操作时神情专注	
合作状态	1. 乐于参加集体活动,能够为实现集体目标付出努力,善于与他人合作,共同完成任务	
	2. 尊重并理解他人,能够合理评价和约束自己的行为,善于与他人交流和分享	
情绪状态	1. 在课堂上伴有点头、微笑、眉头紧锁、跃跃欲试等行为或神情,显得既紧张又轻松愉悦	
	2. 能自我调控好情绪,能随着教学进程或解决问题的全过程而产生不同的情绪变化,如由争论转变为聆听,由大笑转变为静思	
生成状态	1. 能总结当堂学习收获	
	2. 能用自己学到的方法去帮助周围人	
	3. 能用心理辅导课上学到的方法进行自我调节	

注:评分标准:非常好3分;较好2分;一般1分;较差0分。

  评价等级:优秀;良好;及格;不及格。

简评:_____
_____

四、学生 ABC 行为记录表（　　年　　月）

（一）学生基本信息						
姓名		班级		服药情况		□是，药物名称：_____ □否

（二）具体行为问题

序号	发生时间	发生地点	涉及人物	客观事件	学生情绪（勾选，详情请备注）	学生行为（勾选，详情请备注）	结果（勾选，详情请备注）
1					□开心 □愤怒 □悲伤 □害怕 □尴尬 □犹豫 备注：	□攻击他人 □伤害自己 □退缩逃避 备注：	□满足要求 □辅助 □冷处理 □批评 □语言回应 □行动回应 具体策略：
2					□开心 □愤怒 □悲伤 □害怕 □尴尬 □犹豫 备注：	□攻击他人 □伤害自己 □退缩逃避 备注：	□满足要求 □辅助 □冷处理 □批评 □语言回应 □行动回应 具体策略：
3					□开心 □愤怒 □悲伤 □害怕 □尴尬 □犹豫 备注：	□攻击他人 □伤害自己 □退缩逃避 备注：	□满足要求 □辅助 □冷处理 □批评 □语言回应 □行动回应 具体策略：
4					□开心 □愤怒 □悲伤 □害怕 □尴尬 □犹豫 备注：	□攻击他人 □伤害自己 □退缩逃避 备注：	□满足要求 □辅助 □冷处理 □批评 □语言回应 □行动回应 具体策略：
5					□开心 □愤怒 □悲伤 □害怕 □尴尬 □犹豫 备注：	□攻击他人 □伤害自己 □退缩逃避 备注：	□满足要求 □辅助 □冷处理 □批评 □语言回应 □行动回应 具体策略：
6					□开心 □愤怒 □悲伤 □害怕 □尴尬 □犹豫 备注：	□攻击他人 □伤害自己 □退缩逃避 备注：	□满足要求 □辅助 □冷处理 □批评 □语言回应 □行动回应 具体策略：

主要行为问题：

续表

(三)行为问题初步诊断和处理(请把具体行为问题的序号填写在相应选择的括号中,详情请备注)

初步诊断结果	行为问题起因与特性	最初处理相关建议
自我刺激行为问题（　）	自伤行为（　）	有事做（　）
	刻板性行为（　）	减少刺激（　）
	自我刺激行为（　）	替代性活动（　）
	满足生理上的需要（　）	转移注意力（　）
	备注：	备注：
攻击行为问题（　）	不当示范、模仿（　）	楷模示范（　）
	身体攻击（　）	情绪舒缓与调整（　）
	语言攻击（　）	转移注意力（　）
	物品攻击（　）	社交技巧（　）
	反抗行为（　）	备注：
	备注：	
过度活动行为问题（由注意力缺陷导致）（　）	不注意（　）	注意力延长训练（　）
	分心（　）	专注行为训练（　）
	内在及外在冲动（　）	
	物品攻击（　）	备注：
	过度活动（　）	
	备注：	

附录一　智障生心理健康教育评价相关量表

续表

初步诊断结果		行为问题起因与特性	最初处理相关建议
不当社会行为问题	（　　）	消极情绪增强而形成，如：逃学、逃家等（　　　　　　）	调整环境（　　　　　　）
		间歇性增强而形成，如：说谎、偷窃、赌博等（　　　　　　）	渐次消除固着行为（　　　　　　）
		备注：	合理认知与行为改变（　　　　　　）
			备注：
严重情绪困扰行为问题（特定的人事时地物，才会产生情绪困扰）	（　　）	愤怒（　　　　　　）	尽量延长其正常行为时间，试着建立结构化情境，维持他的情绪稳定（　　　　　　）
		过度焦虑（　　　　　　）	
		过度应激状态（　　　　　　）	
		忧郁（　　　　　　）	
		冷漠（　　　　　　）	
		负性情绪持续时间过长或泛化（　　）	备注：
		备注：	
生活自理异常行为问题	（　　）	饮食异常（　　　　　　）	分解成小步骤活动，通过口语指示及示范模仿进行教导，配合适切增强而达成（　　　　　　）
		排泄异常（　　　　　　）	
		睡眠异常（　　　　　　）	
		穿着困难（　　　　　　）	
		生理卫生习惯异常（　　　　　　）	备注：
		备注：	

（四）行为问题干预效果（请根据行为问题起因与特性，处理实践和建议展开描述）

五、自尊量表

1. 基本信息

姓名：_____　　年龄：_____

性别：□男　□女　　班级：_____

2. 自评量表

说明：请根据以下每一个题目符合自己的程度，在右面合适的位置上打"√"。答案没有对错之分，对每一个句子无须多考虑。

	非常不符合	不符合	符合	非常符合
1. 我感到自己是一个有价值的人，至少与其他人在同一个水平上				
2. 我感到我有许多好品质				
3. 归根到底，我倾向于与觉得自己是一个失败者				
4. 我能像大多数人一样把事情做好				
5. 我感到自己值得自豪的地方不多				
6. 我对自己持肯定态度				
7. 总的来说，我对自己是满意的				
8. 我希望我能为自己赢得更多的尊重				
9. 我确实时常感到自己毫无用处				
10. 我时常认为自己一无是处				

填表日期：_____

六、症状自评量表

姓名_____　性别_____　年龄_____　测验日期_____

亲爱的同学们，现在进行的是一项关于同学们在学校的一些行为状况的调查，调查的结果将用于心理健康教育，希望同学们能认真作答，所答问卷将严格保密。所答问题没有对错之分，请同学们按照自己的实际情况认真作答，回答越真实，问卷越有效。

指导语：以下列出了有些人可能会有的问题，请仔细地阅读每一条，然后根据最近一星期以内下述情况影响您的实际感觉，在心理健康调查问卷答案填写表格上直接勾选相应答案"没有""很轻""中等""偏重""严重"。

量表项目：

1. 头痛。
2. 神经过敏，心中不踏实。
3. 头脑中有不必要的想法或字句盘旋。
4. 头昏或昏倒。
5. 对异性的兴趣减退。
6. 对旁人求全责备。
7. 感到别人能控制您的思想。
8. 责怪别人制造麻烦。
9. 忘性大。
10. 担心自己是否衣饰整齐或仪态端正。
11. 容易烦恼和激动。
12. 胸痛。
13. 害怕空旷的场所或街道。
14. 感到自己的精力下降，活动减慢。
15. 想结束自己的生命。
16. 听到旁人听不到的声音。
17. 发抖。
18. 感到大多数人都不可信任。
19. 胃口不好。
20. 容易哭泣。
21. 同异性相处时感到害羞不自在。
22. 感到受骗，中了圈套或有人想抓住您。
23. 无缘无故地突然感到害怕。
24. 自己不能控制地大发脾气。

25. 害怕单独出门。

26. 经常责怪自己。

27. 腰痛。

28. 感到难以完成任务。

29. 感到孤独。

30. 感到苦闷。

31. 过分担忧。

32. 对周围事物不感兴趣。

33. 感到害怕。

34. 您的感情容易受到伤害。

35. 旁人能知道您的内心想法。

36. 感到别人不理解您、不同情您。

37. 感到人们对您不友好，不喜欢您。

38. 做事必须做得很慢以保证做得正确。

39. 心跳得很快。

40. 恶心或胃部不舒服。

41. 感到比不上他人。

42. 肌肉酸痛。

43. 感到有人在监视您、谈论您。

44. 难以入睡。

45. 做事必须反复检查。

46. 难以做出决定。

47. 害怕乘坐电车、公共汽车、地铁或火车。

48. 呼吸有困难。

49. 一阵阵发冷或发热。

50. 因为感到害怕而避开某些东西、场合或活动。

51. 脑子变空了。

52. 身体发麻或刺痛。

53. 喉咙有梗塞感。

54. 感到前途没有希望。

55. 不能集中注意力。

56. 感到身体的某一部分软弱无力。

57. 感到紧张或容易紧张。

58. 感到手或脚发重。

59. 想到死亡的事。

60. 吃得太多。

61. 当别人看着您或谈论您时感到不自在。

62. 有一些不属于您自己的想法。

63. 有想打人或伤害他人的冲动。

64. 醒得太早。

65. 必须反复洗手、点数目或触摸某些东西。

66. 睡得不稳不深。

67. 有想摔坏或破坏东西的冲动。

68. 有一些别人没有的想法或念头。

69. 感到对别人神经过敏。

70. 在商店或电影院等人多的地方感到不自在。

71. 感到任何事情都很困难。

72. 一阵阵恐惧或惊恐。

73. 感到在公共场合吃东西很不舒服。

74. 经常与人争论。

75. 单独一个人时，神经很紧张。

76. 别人对您的成绩没有做出恰当的评价。

77. 即使和别人在一起也感到孤单。

78. 感到坐立不安、心神不定。

79. 感到自己没有什么价值。

80. 感到熟悉的东西变得陌生或不像是真的。

81. 大叫或摔东西。

82. 害怕会在公共场合昏倒。

83. 感到别人想占您的便宜。

84. 为一些有关性的想法而很苦恼。

85. 您认为应该因为自己的过错而受到惩罚。

86. 想要很快把事情做完。

87. 感到自己的身体有严重的问题。

88. 从未感到和其他人很亲近。

89. 感到自己有罪。

90. 感到自己的脑子有毛病。

症状自评量表回答用纸

姓名_____ 性别_____ 年龄_____ 测验日期_____

题目序号	没有	很轻	中等	偏重	严重	备注
1						
2						
……						

七、评价档案袋（一）

1. 基本信息

姓名：_____ 年龄：_____

性别：□男 □女 班级：_____

2. 自评量表

这是一份能帮助你了解自己创造力的量表。在下列句子中，如果你发现某些句子所描述的情形很符合你的情况，则请在题后的表格里"完全符合"的选项内打勾；若只是在部分时候符合你的情况，则在"部分符合"

的选项内打勾；如果有些句子所描述的情形对你来说，是根本不可能的，则在"完全不符"的选项内打勾。

注意：

1. 每一题都要做，不要花太多时间去想。

2. 所有题目都没有正确答案，凭你读完每一句的第一印象作答。

3. 虽然没有时间限制，但尽可能地争取以较快的速度完成，越快越好。

4. 切记：根据你自己的真实感受作答，在最符合自身情况的选项内打勾。

题目：

1. 在学校里，我喜欢试着对事情或问题做猜测，即使不一定猜对也无所谓。

2. 我喜欢仔细观察我没有见过的东西，以了解其细节。

3. 我喜欢变化多端和富有想象力的故事。

4. 画图时，我喜欢临摹别人的作品。

5. 我喜欢利用旧报纸、旧日历及旧罐头盒等废物来做成各种好玩的东西。

6. 我喜欢幻想一些我想知道或想做的事。

7. 如果事情不能一次完成，我会继续尝试，直到完成为止。

8. 做功课时，我喜欢参考各种不同的资料，以便得到多方面的了解。

9. 我喜欢用相同的方法做事情，不喜欢去找其他新的方法。

10. 我喜欢想一些别人常常谈论的事情。

11. 我喜欢探究事情的真相。

12. 我喜欢做许多新鲜的事。

13. 我不喜欢交新朋友。

14. 我喜欢想一些不会在我身上发生的事。

15. 我喜欢想象有一天能成为艺术家、音乐家或诗人。

16. 我会因为一些令人兴奋的念头而忘了其他的事。

17. 我宁愿生活在太空站，也不愿生活在地球上。

18. 我认为所有问题都有固定答案。

19. 我喜欢做不同寻常的事情。

20. 我经常想要知道别人正在想什么。

21. 我喜欢故事或电视节目所描写的事。

22. 我喜欢和朋友在一起，和他们分享我的想法。

23. 如果一本故事书的最后一页被撕掉了，我就自己编造一个故事，把结果补上。

24. 我长大后，想做一些别人从没想过的事。

25. 尝试新的游戏和活动，是一件有趣的事。

26. 我不喜欢受太多规则限制。

27. 我喜欢解决问题，即使没有正确答案也没关系。

28. 有许多事情我都很想亲自去尝试。

29. 我喜欢唱很少有人知道的新歌。

30. 我不喜欢在班上同学面前发表意见。

31. 当我读小说或看电视时，我喜欢把自己想象成故事中的人物。

32. 我喜欢幻想 200 年前人类生活的情形。

33. 我常想自己编一首新歌。

34. 我喜欢翻箱倒柜，看看有些什么东西在里面。

35. 画图时，我很喜欢改变各种东西的颜色和形状。

36. 我不敢确定我对事情的看法都是对的。

37. 对于一件事情先猜猜看，然后再看是不是猜对了，这种方法很有趣。

38. 玩猜谜之类的游戏很有趣，因为我想知道结果如何。

39. 我对机器感兴趣，也很想知道它的里面是什么样子，以及它是怎样转动的。

40. 我喜欢可以拆开来玩的玩具。

41. 我喜欢想一些新点子，即使用不着也无所谓。

42. 一篇好的文章应该包含许多不同的意见或观点。

43. 为将来可能发生的问题找答案，是一件令人兴奋的事。

44. 我喜欢尝试新的事情，只是想知道会有什么结果。

45. 玩游戏时，我通常是有兴趣参加，而不在乎输赢。

46. 当我看到一张陌生人的照片时，我喜欢去猜测他是怎样的一个人。

47. 我喜欢翻阅书籍及杂志，但只想大致了解一下。

48. 我不喜欢探寻事情发生的各种原因。

49. 我喜欢问一些别人没有想到的问题。

50. 无论在家里还是在学校，我总是喜欢做许多有趣的事。

回答用纸

题目	完全符合	部分符合	完全不符	题目	完全符合	部分符合	完全不符
1				26			
2				27			
3				28			
4				29			
5				30			
6				31			
7				32			
8				33			
9				34			
……				……			

八、评价档案袋（二）

尊敬的家长：

您好！非常感谢您一直以来对我校心理健康教育工作的支持与配合！为积极发掘孩子们的心理潜能，研究心理健康教育的策略，我校特开展此调查，学校保证调查的结果仅用于研究学生的情况。

请家长陪同孩子作答，以孩子的答案为准，所答问卷将严格保密。回答越真实、越接近孩子水平，问卷越有效。谢谢！

班级：_____ 姓名：_____ 年龄：_____

请认真观察左边的图形，然后在右边找出与左边完全一致的图形，并用笔描出来。

例子：

（提示：操作如黑色粗体图形）

1.

2.

3.

4.

5.

附录一　智障生心理健康教育评价相关量表

6.

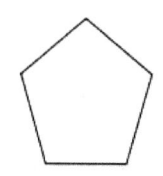

7.

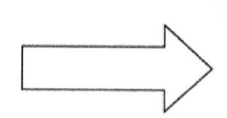

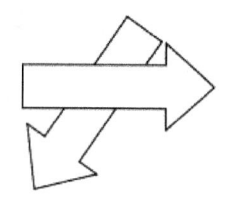

8.

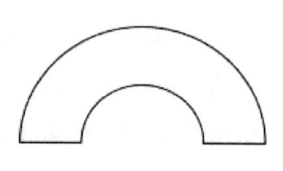

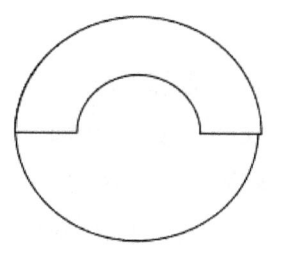

附录二 中小学心理健康教育指导纲要

（2012年修订）

中小学心理健康教育，是提高中小学生心理素质、促进其身心健康和谐发展的教育，是进一步加强和改进中小学德育工作、全面推进素质教育的重要组成部分。中小学生正处在身心发展的重要时期，随着生理、心理的发育和发展、社会阅历的扩展及思维方式的变化，特别是面对社会竞争的压力，他们在学习、生活、自我意识、情绪调适、人际交往和升学就业等方面，会遇到各种各样的心理困扰或问题。因此，在中小学开展心理健康教育，是学生身心健康成长的需要，是全面推进素质教育的必然要求。为深入贯彻党的十八大精神，落实《中共中央国务院关于进一步加强和改进未成年人思想道德建设的若干意见》和《国家中长期教育改革和发展规划纲要（2010—2020年）》要求，进一步科学地指导和规范中小学心理健康教育工作，在认真总结近些年来全国各地心理健康教育工作经验的基础上，制定本纲要。

一、心理健康教育的指导思想和基本原则

1.中小学心理健康教育工作，必须高举中国特色社会主义伟大旗帜，

以邓小平理论、"三个代表"重要思想和科学发展观为指导，学习践行社会主义核心价值体系，贯彻党的教育方针，坚持立德树人、育人为本，注重学生心理和谐健康，加强人文关怀和心理疏导，根据中小学生生理、心理发展特点和规律，把握不同年龄阶段学生的心理发展任务，运用心理健康教育的知识理论和方法技能，培养中小学生良好的心理素质，促进其身心全面和谐发展。

2.开展中小学心理健康教育，要以学生发展为根本，遵循学生身心发展规律，必须坚持以下基本原则：——坚持科学性与实效性相结合。要根据学生身心发展的规律和特点及心理健康教育的规律，科学开展心理健康教育，注重心理健康教育的实践性与实效性，切实提高学生心理素质和心理健康水平。——坚持发展、预防和危机干预相结合。要立足教育和发展，培养学生积极的心理品质，挖掘他们的心理潜能，注重预防和解决发展过程中的心理行为问题，在应急和突发事件中及时进行危机干预。——坚持面向全体学生和关注个别差异相结合。全体教师都要树立心理健康教育意识，尊重学生，平等对待学生，注重教育的方式方法，关注个别差异，根据不同学生的特点和需要开展心理健康教育和辅导。——坚持教师的主导性与学生的主体性相结合。要在教师的教育指导下，充分发挥和调动学生的主体性，引导学生积极主动地关注自身心理健康，培养学生自主自助维护自身心理健康的意识和能力。

二、心理健康教育的目标与任务

3.心理健康教育的总目标是：提高全体学生的心理素质，培养他们积极乐观、健康向上的心理品质，充分开发他们的心理潜能，促进学生身心和谐可持续发展，为他们健康成长和幸福生活奠定基础。

心理健康教育的具体目标是：使学生学会学习和生活，正确认识自我，提高自主自助和自我教育能力，增强调控情绪、承受挫折、适应环境的能力，培养学生健全的人格和良好的个性心理品质；对有心理困扰或心理问题的学生，进行科学有效的心理辅导，及时给予必要的危机干预，提高其心理健康水平。

4.心理健康教育的主要任务是：全面推进素质教育，增强学校德育工作的针对性、实效性和吸引力，开发学生的心理潜能，提高学生的心理健康水平，促进学生形成健康的心理素质，减少和避免各种不利因素对学生心理健康的影响，培养身心健康、具有社会责任感、创新精神和实践能力的德智体美全面发展的社会主义建设者和接班人。

按照"全面推进、突出重点、分类指导、协调发展"的工作方针，不同地区应根据本地实际情况，积极做好心理健康教育工作。

全面推进。要普及、巩固和深化中小学心理健康教育，加快制度建设、课程建设、心理辅导室建设和师资队伍建设，积极拓展心理健康教育渠道，建立学校、家庭和社区心理健康教育网络和协作机制，全面推进中小学心理健康教育科学发展，在学校普遍建立起规范的心理健康教育服务体系，全面提高全体学生的心理素质。

突出重点。地方教育行政部门和学校要利用地方课程或学校课程，科学系统地开展心理健康教育；要加强心理辅导室建设，切实发挥心理辅导室在预防和解决学生心理行为问题中的重要作用；加强心理健康教育师资队伍建设，建立一支科学化、专业化的稳定的中小学心理健康教育教师队伍。

分类指导。大中城市和经济发达地区，要在普遍开展心理健康教育工作的基础上，继续推进和深化心理健康教育工作，努力提高质量和成效，率先建立成熟的心理健康教育服务体系；其他地区，要尽快完善心理健康教育工作机制，建立心理健康教育辅导室和稳定的心理健康专业教师队伍，普遍开展心理健康教育工作。

协调发展。坚持公共教育资源和优质教育资源向农村、中西部地区倾斜，逐步缩小东西部、城乡和区域之间中小学心理健康教育的发展差距，以中西部地区和农村地区发展为重点，推动中小学心理健康教育全面、协调发展。按照"城乡结合，以城带乡"的原则，加强城乡中小学心理健康教育的交流与合作，实现心理健康教育全覆盖和城乡均衡化发展。同时，着力提高中小学心理健康教育质量和成效，促进学生的心理素质和德智体美全面协调发展。

三、心理健康教育的主要内容

5. 心理健康教育的主要内容包括：普及心理健康知识，树立心理健康意识，了解心理调节的方法，认识心理异常现象，掌握心理保健常识和技能。其重点是认识自我、学会学习、人际交往、情绪调适、升学择业以及生活和社会适应等方面的内容。

6. 心理健康教育应从不同地区的实际和不同年龄阶段学生的身心发展特点出发，做到循序渐进，设置分阶段的具体教育内容。

小学低年级主要包括：帮助学生认识班级、学校、日常学习生活环境和基本规则；初步感受学习知识的乐趣，重点是学习习惯的培养与训练；培养学生礼貌友好的交往品质，乐于与老师、同学交往，在谦让、友善的交往中感受友情；使学生有安全感和归属感，初步学会自我控制；帮助学生适应新环境、新集体和新的学习生活，树立纪律意识、时间意识和规则意识。

小学中年级主要包括：帮助学生了解自我，认识自我；初步培养学生的学习能力，激发学习兴趣和探究精神，树立自信，乐于学习；树立集体意识，善于与同学、老师交往，培养自主参与各种活动的能力，以及开朗、合群、自立的健康人格；引导学生在学习生活中感受解决困难的快乐，学会体验情绪并表达自己的情绪；帮助学生建立正确的角色意识，培养学生对不同社会角色的适应；增强时间管理意识，帮助学生正确处理学习与兴趣、娱乐之间的矛盾。

小学高年级主要包括：帮助学生正确认识自己的优缺点和兴趣爱好，在各种活动中悦纳自己；着力培养学生的学习兴趣和学习能力，端正学习动机，调整学习心态，正确对待成绩，体验学习成功的乐趣；开展初步的青春期教育，引导学生进行恰当的异性交往，建立和维持良好的异性同伴关系，扩大人际交往的范围；帮助学生克服学习困难，正确面对厌学等负面情绪，学会恰当地、正确地体验情绪和表达情绪；积极促进学生的亲社会行为，逐步认识自己与社会、国家和世界的关系；培养学生分析问题和解决问题的能力，为初中阶段学习生活做好准备。

四、心理健康教育的途径和方法

7.学校应将心理健康教育始终贯穿于教育教学全过程。全体教师都应自觉地在各学科教学中遵循心理健康教育的规律，将适合学生特点的心理健康教育内容有机渗透到日常教育教学活动中。要注重发挥教师人格魅力和为人师表的作用，建立起民主、平等、相互尊重的师生关系。要将心理健康教育与班主任工作、班团队活动、校园文体活动、社会实践活动等有机结合，充分利用网络等现代信息技术手段，多种途径开展心理健康教育。

8.开展心理健康专题教育。专题教育可利用地方课程或学校课程开设心理健康教育课。心理健康教育课应以活动为主，可以采取多种形式，包括团体辅导、心理训练、问题辨析、情境设计、角色扮演、游戏辅导、心理情景剧、专题讲座等。心理健康教育要防止学科化的倾向，避免将其作为心理学知识的普及和心理学理论的教育，要注重引导学生心理、人格积极健康发展，最大程度地预防学生发展过程中可能出现的心理行为问题。

9.建立心理辅导室。心理辅导室是心理健康教育教师开展个别辅导和团体辅导，指导帮助学生解决在学习、生活和成长中出现的问题，排解心理困扰的专门场所，是学校开展心理健康教育的重要阵地。在心理辅导过程中，教师要树立危机干预意识，对个别有严重心理疾病的学生，能够及时识别并转介到相关心理诊治部门。教育部将对心理辅导室建设的基本标准和规范做出统一规定。

心理辅导是一项科学性、专业性很强的工作，心理健康教育教师应遵循心理发展和教育规律，向学生提供发展性心理辅导和帮助。开展心理辅导必须遵守职业伦理规范，在学生知情自愿的基础上进行，严格遵循保密原则，保护学生的隐私，谨慎使用心理测试量表或其他测试手段，不能强迫学生接受心理测试，禁止使用可能损害学生心理健康的仪器，要防止心理健康教育医学化的倾向。

10.密切联系家长，共同实施心理健康教育。学校要帮助家长树立正确的教育观念，了解和掌握孩子成长的特点、规律以及心理健康教育的方法，加强亲子沟通，注重自身良好心理素质的养成，以积极健康和谐的家庭环境影响孩子。同时，学校要为家长提供促进孩子发展的指导意见，协助他们共同解决孩子在发展过程中的心理行为问题。

11.充分利用校外教育资源开展心理健康教育。学校要加强与基层群众性自治组织、企事业单位、社会团体、公共文化机构、街道社区以及青少年校外活动场所等的联系和合作，组织开展各种有益于中小学生身心健康的文体娱乐活动和心理素质拓展活动，拓宽心理健康教育的途径。

五、心理健康教育的组织实施

12.加强对中小学心理健康教育工作的领导和管理。各级教育行政部门要切实加强对心理健康教育工作的领导，制定规章制度，明确责任部门和负责人，支持和指导中小学开展心理健康教育工作。各地和学校要通过多种途径和方式，结合教育教学实际，保证心理健康教育时间，课时可在地方课程或学校课程中安排。各级教育行政部门要将心理健康教育工作列入年度工作计划，纳入学校督导评估指标体系之中，教育督导部门应定期开展心理健康教育专项督导检查。教育部将适时开展中小学心理健康教育示范校创建活动。

13.加强心理健康教育教师队伍建设。心理健康教育是一项专业性很强的工作，必须大力加强专业教师队伍建设。各地各校要制订规划，逐步

配齐心理健康教育专职教师，专职教师原则上须具备心理学或相关专业本科学历。每所学校至少配备一名专职或兼职心理健康教育教师，并逐步增大专职人员配比，其编制从学校总编制中统筹解决。地方教育行政部门要健全中小学心理健康教育教师职务（职称）评聘办法，制订相应的专业技术职务（职称）评价标准，落实好心理健康教育教师职务（职称）评聘工作。心理健康教育教师享受班主任同等待遇。

14. 大力开展心理健康教育教师培训。教育部将组织专家制订教师培训课程标准，分期分批对中小学心理健康教育教研员和骨干教师进行国家级培训。各省级教育行政部门要将心理健康教育教师培训纳入教师培训计划，分期分批对区域内心理健康教育教师进行轮训，切实提高专、兼职心理健康教育教师的基本理论、专业知识和操作技能水平。要在中小学校长、班主任和其他学科教师等各类培训中增加心理健康教育的培训内容，建立分层分类的培训体系。

15. 要重视教师的心理健康教育工作。各级教育行政部门和学校要关心教师的工作、学习和生活，从实际出发，采取切实可行的措施，减轻教师的精神紧张和心理压力。要把教师心理健康教育作为教师教育和教师专业发展的重要方面，为教师学习心理健康教育知识提供必要的条件，使他们学会心理调适，增强应对能力，有效地提高其心理健康水平和开展心理健康教育的能力。

16. 加强心理健康教育材料的管理。各种有关心理健康教育的教育材料的编写、审查和选用要根据本指导纲要的统一要求进行。自2013年春季开学起，凡进入中小学的心理健康教育材料必须经省级以上教育行政部门组织专家审定后方可使用。

17. 加强心理健康教育的科学研究。各级教育行政部门要加强指导，增加经费投入，将心理健康教育纳入教育科学研究规划，积极组织相关课题申报和优秀成果评选。要积极引导高等学校、科研机构的研究人员开展相关研究，为心理健康教育实践提供理论基础和科学依据。要建立中小学心理健康教育教研制度，各级教研机构应配备心理健康教育教研员。要坚持理论与实践相结合，组织专家学者、教研人员、一线教师和学校管理人员结合实际情况积极开展心理健康教育教学研究，在实践中丰富完善心理健康教育理论，不断提高心理健康教育科学化水平。

（本文来源：教育部）